JE RÊVE D'ÊTRE UN GRAND CHEF

De La Martinière
Jeunesse

20 ANS ! 20 ans qu'Arc-En-Ciel réalise les rêves d'enfants malades et quel joli cadeau pour notre anniversaire que ce livre ! Un livre pour lequel de grands Chefs nous ont offert des recettes originales et délicieuses à préparer par petits et grands, en famille comme entre copains. Un joli cadeau que nous avons aussi fait à tous les enfants que nous soutenons et que nous avons invités à la fête de nos 20 ans grâce à la générosité de Lesieur et des Éditions de la Martinière.

Nous avons eu envie de créer cet ouvrage après avoir réalisé plusieurs rêves d'enfants passionnés de cuisine. Lors de ces rêves, nous avons constaté que nous avons beaucoup en commun avec les Chefs : nous créons des moments magiques et inoubliables, nous aidons les autres à s'évader de leur quotidien et nous adorons partager et écouter...

Objectif atteint : le livre est ce moment de partage, de découverte et de magie dont nous avions rêvé ! Regardez les entrées, les plats et les desserts que les chefs ont créés : ils sont uniques, colorés, délicieux et faciles à réaliser ! Plongez aussi dans les témoignages des chefs, découvrez ce qui les fait rêver et embarquez dans leur univers gourmand et passionné...

Fermez les yeux, respirez ces odeurs épicées et sucrées qui appellent au voyage ! Et... rêvez ! Oui, rêvez ! Comme Emma, Erwann, Lucie et Yohann, quatre enfants qui ont été invités par l'École Ritz Escoffier à suivre un cours de cuisine exceptionnel ! Oui, rêvez ! il n'y a rien de plus gourmand.

Monique Nesme
Présidente et fondatrice d'Arc-En-Ciel

LA PRÉFACE d'un livre est une drôle de responsabilité : c'est ce qui nous donnera envie de poursuivre, en partie, la lecture de celui-ci. À moi donc de vous mettre « l'eau à la bouche » pour que vous vous délectiez de son contenu… et quel contenu ! J'ai découvert, en avant-première, ce qui vous attend page après page. Alors, comment ne pas prendre cette mission très à cœur ?…

Le sourire et la joie des enfants, la passion et le sens du partage dont ont fait preuve les grands Chefs qui vous livrent ici leurs recettes sont des valeurs qui me sont chères. Ce sont aussi celles que j'essaye de véhiculer jour après jour dans mon émission quotidienne « C à Vous » sur France 5. La cuisine c'est avant tout le partage, la convivialité, c'est aussi, souvenez-vous, ces moments de bonheur que nous avons eus, enfant, à faire gâteaux, crêpes ou toutes autres pâtisseries.

La cuisine n'a pas de frontières : elle mêle toutes les religions, toutes les cultures, elle réconcilie des civilisations ou des pays que tout oppose. La cuisine, c'est aussi un prétexte pour commencer une belle histoire d'amour, pour retrouver des amis de longue date, pour réunir sa famille ou ses amis… c'est la Vie avec un grand V ! Le V de victoire lorsque des enfants réalisent leurs rêves grâce à cette magnifique association qu'est Arc-en-Ciel et vont à la rencontre de grand Chefs, le V de victoire lorsque nous nous lançons tous dans une recette avec comme seul but de régaler nos convives, ce V qui fait de nous de grands enfants heureux lorsqu'une fois fini, le mets a du goût et qu'il épate nos hôtes.

Nous avons tous été des enfants avant de devenir de grands enfants. Ce livre vous rappellera combien il est bon de rêver, combien il est bon de sentir que rien n'est impossible et, qu'au plus profond de nous, il existe toujours ce sourire satisfait d'avoir été jusqu'au bout de nos rêves…

Alessandra Sublet

SOMMAIRE

Christophe Adam 6
- Pain d'épices à l'orange 8
- Financiers pistache à la framboise 9

Michel et Sébastien Bras 10
- Saumon fumé et cistre 12
- Courgettes farcies 13

Christelle Brua et Frédéric Anton 14
- Tomates à l'huile d'olive parfumée à la vanille et au citron vert 16
- Tarte à l'orange 17

Antony Clémot et Antoine Westemann 18
- Galette d'épinards et de pommes de terre, œuf à cheval 20
- Salade de pommes de terre au poireau et au persil frit 21

Christophe Felder 22
- Muffins au chocolat 24
- Smoothies roses à la guimauve 25

Michel Guérard 26
- Milk-shake à la fraise 28
- Gâteau au chocolat de maman Guérard 29

Éric Guérin 30
- Pommes de terre confites au miel de brière, œuf poché 32
- Croq pom-radis printemps-été 33

Marc Hæberlin 34
- Saumon rôti à l'ail et au lard 36
- Œuf mayo aux œufs de poisson fumés 37

Guy Martin 38
Verrines de crabe aux physalis 40
Salade César au pop-corn 41

Marc Meneau 42
Sablés bretons au citron 44
Pommes d'amour 45

Christophe Michalak 46
Cheesecake (meilleur qu'à Vegas) 48
Churros au citron vert 49

Éric Reithler 50
Cartable à croquer 52
Brioche pomme-fraise 53

Olivier Rœllinger 54
Mille et une lunes 56
Crème à la vanille 57

Patrick Roger 58
Crêpes au chocolat 60
Brownies au chocolat 61

Michel Roth 62
Baba sans rhum et minestrone de fruits 64
Travers de sole persillés au parmesan 65

Didier Steudler 66
Cupcakes multicolores 68

CHRISTOPHE ADAM

APRÈS DES ANNÉES PASSÉES COMME CHEF PÂTISSIER CHEZ FAUCHON, CHRISTOPHE ADAM VOLE AUJOURD'HUI DE SES PROPRES AILES POUR RAVIR LES PARISIENS PRESSÉS DE SES DOUCEURS SUCRÉES ET SALÉES.

Devenir Chef était un rêve d'enfance ?

Petit, je rêvais d'avoir une belle maison ! Devenir Chef s'est dessiné plus tard, avec ma découverte du métier, et c'est devenu un rêve quand je suis arrivé au Crillon, à Paris. J'avais 20 ans, et ce rêve a grandi au fil des quinze premières années que j'ai passées dans le monde de la pâtisserie.

Rien ne vous portait vers la pâtisserie ?

J'aimais la cuisine, mais j'aurais pu choisir n'importe quelle orientation. Je dessinais et j'étais plutôt habile de mes mains. La pâtisserie était un bon compromis entre création, finesse, réflexion et travail manuel. Je me suis très vite senti à l'aise.

Comment votre rêve de devenir Chef s'est-il construit ?

Après deux ans d'apprentissage à Quimper, je suis allé chez les Frères Roux, premier Trois Macarons à Londres. J'avais 18 ans, je sentais qu'il se passait quelque chose. J'avais envie de travailler, j'étais encouragé et je ne comptais pas mes heures. Je voulais vraiment faire des belles choses, être au top. Les horaires, la pression, celle au moment des Fêtes – très importantes en pâtisserie – ne me semblaient pas des obstacles, mais des défis à relever. Je voulais être le meilleur, faire mieux, plus vite, plus beau. Être Chef est devenu un objectif, une ambition et un moteur. J'étais très déterminé.

Et puis vous êtes arrivé chez Fauchon...

Oui, en 1996 et, cinq ans plus tard, j'étais nommé Chef pâtissier. Cinq ans, c'est à la fois long et très court ! J'ai été patient alors que mon caractère me porte plutôt à l'action, au prochain gâteau ou au projet suivant. J'ai besoin de me projeter vers l'avenir, de créer pour avancer. Chez Fauchon, j'ai pu faire ce que je sentais et j'ai eu la chance d'être reconnu. Aujourd'hui, j'ai plus de maturité, de confiance. J'ai envie de développer mon affaire. Je veux garder la même exigence de qualité, l'offrir de façon simple, en boutique, et m'ouvrir sur l'univers salé. Mon ambition est de faire goûter autrement tout ce que j'ai appris en vingt ans, de la crème caramel au sandwich du déjeuner...

MES PETITES CONFIDENCES

Dans le métier, il faut donner pour apprendre. Je ne connais pas un Chef qui ne donnera pas en retour. Qui, en cuisine, peut résister à la curiosité et l'appétit d'apprendre d'un débutant ?

L'apprentissage porte bien son nom ! À 16 ans, que sait-on du métier qu'on veut faire ou de la vie ? J'ai appris les deux en même temps. Un peu comme un chanteur dont la maturité s'exprime dans son troisième album. Le temps compte dans une carrière.

Quand on débute, toute la question est de savoir quel pâtissier on veut devenir. Rêver d'être Chef, que ce soit dans un palace, un restaurant ou une grande maison, pousse à devenir un excellent artisan. Les pâtisseries et les boulangeries françaises ont besoin de cette excellence.

J'ai fait beaucoup de créations extravagantes, ultra-modernes, recherchées. Pour autant, je n'ai jamais perdu le goût des choses simples. Le transmettre, en particulier à mes enfants, reste un plaisir – et une passion – au quotidien.

L'ANIS

L'anis est une plante herbacée dont les graines contiennent une substance parfumée. Son arôme délicat attise la gourmandise en boulangerie (bretzel, fougasse), en pâtisserie (pain d'épices), en confiserie (dragées de Flavigny) et en distillerie.

PAIN D'ÉPICES À L'ORANGE
FINANCIERS PISTACHE À LA FRAMBOISE

CHRISTOPHE ADAM

PAIN D'ÉPICES À L'ORANGE

Préparation : 20 min
Cuisson : 1 h
Pour 6 personnes

- 250 g de farine
- 125 g de sucre en poudre
- 1 cuillerée à café d'anis en poudre (ou en sirop)
- 3 cuillerées à soupe de lait
- 12 cl de miel
- 1 cuillerée à café de bicarbonate de soude
- 100 g d'oranges confites en cubes
- 30 g de beurre

1 Préchauffez le four à 145 °C (th. 4-5). Dans un saladier, tamisez la farine. Mélangez-la avec le sucre et l'anis en poudre. Dans une casserole, faites tiédir le lait et le miel.

2 Versez le lait tiède dans le saladier. Mélangez la pâte pendant 10 min. Ajoutez le bicarbonate et les cubes d'orange confites.

3 Versez la pâte dans le moule à cake beurré. Enfournez 1 h.

CHRISTOPHE ADAM

FINANCIERS PISTACHE À LA FRAMBOISE

Préparation : 25 min / Repos : 3-4 h
Cuisson : 20 min
Pour 12 financiers

- 50 g de sucre glace
- 50 g de farine tamisée
- 30 g d'amandes en poudre
- 20 g de pistaches en poudre
- 1 cuillerée à café rase de levure
- 4 blancs d'œufs
- 30 g de pâte à pistache
- 125 g de beurre tiède + 30 g pour les moules
- 36 framboises

LE + NUTRITION

Cette recette est idéale pour un goûter festif. Un verre de lait et un fruit le complèteront avec gourmandise.

1 Dans une jatte, mélangez le sucre glace, la farine, les amandes en poudre, les pistaches en poudre et la levure. Incorporez les blancs d'œufs petit à petit.

2 Ajoutez la pâte à pistache, puis 125 g de beurre et mélangez bien. Réservez au frais pendant 3 à 4 h.

3 Préchauffez le four à 175 °C (th. 6). Beurrez des moules et remplissez-les aux trois quarts de pâte à financier. Alignez 3 framboises la tête en l'air.

4 Faites cuire au four pendant 20 min. Démoulez et laissez refroidir avant de déguster.

MICHEL & SÉBASTIEN BRAS

CHEZ LES BRAS, LA CUISINE EST UNE AFFAIRE DE FAMILLE ! CETTE TABLE CONTINUE DE FAIRE RIMER LE « BON » ET LE « BEAU » SUR TOUS LES TONS. MICHEL BRAS NOUS RACONTE…

Devenir Chef était un rêve d'enfance ?

Pas du tout ! Petit, je rêvais d'être aviateur ou scientifique, j'étais très bon en maths. Mais j'ai dû arrêter l'école et j'ai fait un CAP de cuisine. Ma mère, pour compléter les revenus de mon père – qui était maréchal-ferrant –, avait ouvert un restaurant, Lou Mazuc. Elle avait, et continue d'avoir, cette faculté de faire très bon avec peu de choses. De mon côté, j'étais aussi gourmand qu'une mine ! Mais je ne voulais pas devenir cuisinier.

Alors comment êtes-vous venu à la cuisine ?

Par obligation et par… la pâtisserie. Son côté scientifique, les processus de transformation physique en fonction des quantités de sucre, ou d'œuf, tout cela m'a captivé. Mon goût pour la cuisine elle-même s'est développé ensuite, et c'est devenu le sens de ma vie.

Votre rêve s'est construit…

Lentement ! Ma mère m'a donné « le bon » et « le beau », mon père le goût du détail et du travail bien accompli, et la rencontre de mon épouse, Ginette, a fait le reste. Nous nous sommes mariés, et lancés, très jeunes. Je n'avais jamais appris à « faire » la cuisine. Dans la région, on servait l'aligot, la truffade, les tripous. Et puis, dans les années 1970, j'ai découvert, dans le sillage d'Henry Gault et Christian Millau, un autre type de cuisine. J'ai suivi cet élan, qui me correspondait profondément, de valorisation des produits, de novation. Mais en même temps, je devais assurer le pain quotidien. Notre clientèle, locale, était encore traditionnelle, et nous ne voulions pas quitter le pays.

Comment avez-vous concilié les deux ?

Il faut connaître le pays d'Aubrac ! Les gens d'ici ont la capacité de faire quelque chose à partir de rien. Même les enfants, d'une branche de noisetier, font un sifflet, une sarbacane. À 17 ans, je ne suis pas entré dans le métier en chantant, mais j'avais, autour de moi, à portée de main, tant de choses pour faire une cuisine aussi bonne que belle. Mon pays m'a donné cette faculté, l'ambition de vouloir me transcender. Je me suis pris au jeu, passionné.

MES PETITES CONFIDENCES

Qu'est-ce qu'un produit « noble » ? Une gelée de mûres du pays, partagée avec mes petits-enfants, vaut tous les homards du monde !

Quand j'ai acquis de la renommée, le plus dur, c'était de recevoir des clients connus. Petit, j'étais très timide. À 30 ans, je me retrouvais très embarrassé, ne sachant pas quoi dire, comment serrer les mains. Aujourd'hui, ça va mieux !

Je ne suis pas le Chef, tout le monde m'appelle Michel. C'est le reflet de notre quotidien et de notre engagement. Nous vivons, Ginette et moi, notre maison. Nous avions envie de la faire vivre et notre gestion a toujours entièrement reposé sur l'humain.

Il existe des endroits si beaux que des livres entiers ne suffiraient pas à les décrire. Chez nous, le ciel n'est jamais le même. Il nourrit l'imaginaire. Nous rêvions de retrouver ses couleurs, ses humeurs, dans notre cuisine et nous étions, dans les années 1970, ce couple de Laguiole, un peu disjoncté, qui joutait avec les matières, les textures et les saveurs. La beauté du monde, la richesse des relations humaines, restent notre plus bel émerveillement.

Je n'ai jamais fait de concession au système, ni aux codes. Chez nous, on sert l'eau du robinet, on rompt le pain à table, et s'il faut manger avec les doigts, on le fait !

LA CARDAMOME

Originaire d'Inde, la cardamome est une plante aromatique dont les capsules renferment des graines à la saveur épicée. Ces graines sont utilisées dans les cuisines indienne, asiatique et africaine. En Turquie, il est d'usage de mettre une graine de cardamome dans chaque tasse de café. Son parfum étant très fort, il faut l'employer avec parcimonie.

- SAUMON FUMÉ ET CISTRE
- COURGETTES FARCIES

M. & S. BRAS

SAUMON FUMÉ ET CISTRE

Préparation : 25 min / Pour 4 personnes

- 1 chou-fleur
- 1 bouquet de cistre ou des feuilles de fenouil
- 1 pincée de grains d'anis
- 1 pincée de fleur de sel
- 150 g de saumon fumé
- 1 yaourt fermier

1 Ôtez les feuilles et les côtes du chou-fleur. À l'aide d'un couteau, coupez des bouquets de chou-fleur de la taille d'une noix. Prévoyez 5 bouquets par personne. Faites-les cuire dans de l'eau bouillante salée pour les attendrir.

LE + NUTRITION

Riche en fibres et en vitamine C, le chou-fleur, comme les autres choux, est à consommer sans modération !

2 Lorsqu'ils sont cuits, plongez-les dans de l'eau glacée pour arrêter la cuisson. Lorsqu'ils sont bien froids, égouttez-les.

3 Avec une paire de ciseaux, coupez les petites feuilles de cistre (ou de fenouil) et réservez-les. Écrasez les grains d'anis avec la fleur de sel dans un mortier. Coupez enfin de fines lanières de saumon de 1 cm de large.

4 Déposez sur chaque assiette les bouquets de chou-fleur avec la queue en haut. Enroulez un ruban de saumon fumé autour du bouquet de chou-fleur. Ajoutez ensuite un peu de yaourt fermier assaisonné avec le mélange d'anis et de sel. Décorez avec les feuilles de cistre.

M. & S. BRAS

COURGETTES FARCIES

Préparation : 30 min
Cuisson : 10 min
Pour 4 personnes

- 2 courgettes de taille moyenne
- 2 tranches de pain au levain rassis
- 20 cl boîte de lait de coco
- Le vert de la côte d'une blette
- 1 tige de coriandre fraîche
- 3 cuillerées à soupe de coco râpé
- 1 capsule de cardamome
- 1 œuf entier
- 1 cuillerée à soupe de yaourt nature

1 Rincez les courgettes et coupez-les en deux dans le sens de la longueur. Faites-les blanchir à l'eau bouillante salée. Refroidissez-les dans l'eau glacée. Réservez.

2 Faites tremper le pain dans le lait de coco tiédi. Gardez un peu de ce mélange de côté pour le service. Lorsqu'il a bien gonflé, pressez-le entre les mains afin d'ôter l'excédent de liquide. Réservez-en environ 10 cl pour le service.

3 Faites blanchir à l'eau bouillante salée le vert de blette et laissez-le refroidir. Récupérez 50 g bien essoré et hachez-les finement au couteau. Ajoutez le vert de blette au pain. Rincez et égouttez la coriandre. Effeuillez et hachez-la au couteau. Incorporez-la à la farce avec la noix de coco râpée.

4 Ouvrez la capsule de cardamome et écrasez les petits grains noirs qu'il y a à l'intérieur afin de les réduire en poudre, puis ajoutez-les au mélange. Ajoutez un demi-œuf battu, puis le yaourt. Salez et poivrez. À l'aide d'une cuillère, farcissez les courgettes.

5 Préchauffez le four à 150 °C (th. 5). Dans une poêle bien chaude, faites colorer les courgettes du côté de la farce, puis enfournez-les 10 min environ. Faites tiédir et émulsionnez le lait de coco restant, à l'aide d'un mixeur. Sur chaque assiette, disposez une courgette, puis arrosez-la avec le lait de coco mousseux.

CHRISTELLE BRUA

FRÉDÉRIC ANTON

CHRISTELLE BRUA

Devenir Chef était un rêve d'enfance ?

Non, je pensais devenir styliste. Mais j'ai grandi dans le restaurant de ma mère – une fan absolue de cuisine ! J'aimais la pâtisserie pour la finesse du travail, la précision et son côté artistique.

Vous avez pourtant suivi une formation en cuisine...

Après le bac, poussée par mon père, j'ai en effet passé un CAP, un BEP et un BTS cuisine ! J'ai grandi en cuisine – au sens propre et au sens figuré – grâce à Jean-Georges Klein et Frédéric Anton, des chefs qui m'ont fait confiance, montré et transmis leur savoir. Tous les chefs ont été apprentis. Quand ils ne l'oublient pas, ils deviennent un jour de merveilleux formateurs.

Imaginiez-vous tenir un jour l'une des plus prestigieuses tables de France ?

Pas du tout, mais je rêvais de travailler avec Frédéric Anton ! Je lui ai envoyé mon CV, je l'ai appelé 50 fois par semaine et quand il a accepté de me rencontrer, je l'ai appelé 50 fois par jour pour lui demander quand je débutais ! Il était Meilleur Ouvrier de France, ancien élève de Robuchon, tout le monde me décourageait. Mais cela ne faisait que me motiver davantage !

Et votre rêve est devenu réalité ?

Oui, il a fini par m'engager ! Mon premier dessert lui a plu et, depuis, nous travaillons à quatre mains. La cuisine est un métier difficile. Seuls la complicité, les échanges, le respect de chacun, permettent de l'oublier.

FRÉDÉRIC ANTON

Devenir Chef était un rêve d'enfance ?

Quand j'ai dû quitter l'école, je pensais être ébéniste. Je suis vosgien, j'aimais la forêt, bricoler avec mon père, sculpter le bois. Mais les débouchés conduisaient en menuiserie. Alors, je me suis tourné vers la cuisine. Mais la cuisine, pour moi, c'était un truc de fille ! À 14 ans, on est en plein dans les stéréotypes !

Et votre regard a changé...

À l'école hôtelière, il s'est passé une chose extraordinaire : j'ai découvert qu'un légume pouvait se travailler exactement comme un morceau de bois brut, et je me suis dit, ça, c'est un métier qui va me plaire ! Il répondait à mon désir de transformer la matière et mon envie d'un travail manuel. Mais c'est M. Veissière, le Chef du Capucin gourmand à Nancy, qui m'a vraiment initié. Amoureux de la grande cuisine, il me parlait gastronomie, citait des grands chefs dont je n'avais jamais entendu le nom. Sa passion, son professionnalisme m'ont donné envie de bien travailler et inspiré le respect.

Imaginiez-vous tenir un jour l'une des plus prestigieuses tables de France ?

Je rêvais de travailler chez Joël Robuchon. Je lui ai écrit pendant des années et un beau jour, il m'a engagé. Je suis passé Chef chez lui, vers 25 ans, je le côtoyais tous les jours. Tout ce que j'apprenais était magique !

Le rêve a pris corps.

Le rêve... je ne sais pas. Les Chefs que j'ai croisés m'ont donné l'envie d'apprendre, d'avancer. Très vite, j'ai voulu gravir les échelons et j'y suis arrivé. Au Pré Catelan, je ne viens pas au travail, je viens dans mon univers. Le président du groupe Lenôtre, M. Scicard, m'a permis de construire le restaurant, la cuisine que je voulais, et mon rêve s'est réalisé.

L'ORANGE

« La terre est bleue comme une orange... » Un jeu de mots, un vers de Paul Eluard un peu décalé pour dire le joyau qu'est ce fruit, un des plus consommés au monde. Ronde, brillante, sucrée et juteuse, l'orange, que l'on appelle aussi la « pomme d'or », était jadis offerte en cadeau. Synonyme de délicatesse et de luxe, elle était donnée aux enfants à Noël jusqu'à la première moitié du siècle dernier.

- ★ TOMATES À L'HUILE D'OLIVE PARFUMÉE À LA VANILLE
- ★ TARTE À L'ORANGE

CHRISTELLE BRUA

FRÉDÉRIC ANTON

TOMATES À L'HUILE D'OLIVE PARFUMÉE À LA VANILLE ET AU CITRON VERT

Préparation : 15 min

Repos : 24 h

Pour 4 personnes

- 2 tomates cœur de bœuf
- 4 gousses de vanille
- 2 citrons verts
- 20 cl d'huile d'olive Lesieur
- Fleur de sel, poivre du moulin

1 Plongez les tomates dans l'eau bouillante pendant 10 secondes. Rafraîchissez-les dans l'eau glacée, puis égouttez-les. Pelez-les, puis coupez-les en tranches épaisses.

2 Fendez les gousses de vanille en deux dans la longueur, grattez les graines et gardez les gousses. Prélevez le zeste des citrons, puis coupez les citrons en deux. Pressez-les.

3 Dans un récipient, fouettez le jus de citron et l'huile d'olive. Ajoutez les graines de vanille, les gousses et laissez infuser 24 h.

4 Déposez les rondelles de tomate dans chaque assiette, versez dessus la vinaigrette à la vanille, parsemez de citron vert, de fleur de sel et de poivre concassé. Servez aussitôt.

CHRISTELLE BRUA
FRÉDÉRIC ANTON

TARTE À L'ORANGE

Préparation : 40 min
Repos : 30 min / Cuisson : 15 min
Pour 4 personnes

- 1 pâte sablée pré-étalée
- 8 oranges
- 100 g de nappage
- 10 cl de sirop de grenadine

Pour la crème à l'orange

- 2 œufs + 2 jaunes d'œufs
- 160 g de sucre en poudre
- 5 g de farine de maïs
- 3 cuillerées à soupe de jus d'orange
- 50 g de beurre

1 Déroulez la pâte dans un cercle ou un moule à tarte de 18 cm de diamètre. Piquez la pâte à l'aide d'une fourchette. Préchauffez le four à 180 °C (th. 6). Enfournez le fond de pâte pour 15 min.

2 Pour la crème à l'orange. Fouettez les œufs et les jaunes d'œufs avec le sucre. Quand le mélange a blanchi, incorporez la farine de maïs. Mélangez bien. Versez le jus dans une casserole, ajoutez le beurre, puis portez à ébullition tout en remuant. Versez le mélange sur les œufs. Reversez dans la casserole et laissez cuire la crème 3 min après la reprise de l'ébullition tout en mélangeant. Réservez la crème au frais.

3 Prélevez la peau d'une orange, puis taillez-la en julienne très fine. Mettez-la dans une casserole avec de l'eau et portez à ébullition. Égouttez et laissez refroidir. Remettez les zestes dans une casserole avec le nappage et le sirop de grenadine, laissez confire tout doucement, puis laissez refroidir.

4 Pelez les 8 oranges à vif, puis prélevez les quartiers. Mettez-les à égoutter. Faites réchauffer le nappage à feu doux.

5 Déposez un peu de crème sur le fond de tarte. Disposez les quartiers d'orange en rosace. Nappez légèrement et saupoudrez de julienne d'orange à la grenadine.

ANTONY CLÉMOT & ANTOINE WESTERMANN

Devenir Chef était un rêve d'enfance ?

A.W. : Oui ! À 7 ans, je faisais déjà des crèmes et des gâteaux ! J'adorais la convivialité et je n'avais qu'une envie : fêter la table et ceux qui s'y installent.
A.C. : J'ai grandi dans une boucherie-charcuterie-traiteur. À 6 ans, j'avais un petit tablier et je préparais des saucisses ! Mais je préférais les repas de mariage, dont s'occupait ma mère. Devenir cuisinier est vite devenu une évidence.

Comment avez-vous réalisé ce rêve ?

A.W. : J'ai eu beaucoup de chance : mes parents ont hypothéqué leur maison pour me permettre d'acheter mon premier restaurant, à Strasbourg. Je rêvais d'une cuisine sans tricher, de bons produits. J'avais envie et besoin de réussir, et puis… j'ai décroché une étoile.
A.C. : Philippe Rineau, mon premier maître d'apprentissage, a été mon point de départ. Son talent, sa générosité m'ont confirmé dans ma passion. Ensuite, je rêvais plutôt d'exercer dans un palace de la Côte d'Azur. Alors, quand le Chef de Taillevent m'a proposé de rejoindre Antoine, à Strasbourg, j'ai d'abord cru à une blague !

Et vous vous êtes rencontrés…

A.C. : J'ai tout de suite compris qu'Antoine serait « la » rencontre professionnelle de ma vie. Le métier est très hiérarchisé. Dans certaines maisons prestigieuses, on peut ne jamais rencontrer le Chef. Avec Antoine, c'était le contraire. Il était à l'image de sa cuisine, simple, accueillant, proche de son équipe. À partir de là, j'ai eu envie de le suivre.
A.W. : C'est une longue histoire que la nôtre ! Elle a débuté à Strasbourg, s'est poursuivie à Washington, puis à Paris… Je n'aurais jamais repris Drouant sans Antony. J'avais besoin d'un complice, d'un chef qui respire comme moi. Il est monté sur mon porte-bagage et l'aventure – en tandem – continue.

Imaginiez-vous tenir un jour l'une des plus prestigieuses tables de France ?

A.W. : Non, à mes débuts je voulais exprimer et partager ma passion, je n'avais pas les moyens de briller dans les étoiles, je n'y pensais même pas. Mais j'en ai décroché une, et c'est devenu une ambition. J'aime la gagne (et la bicyclette !). En plus, j'avais un concurrent à Strasbourg, deux étoiles !
A.C. : À 22-23 ans, j'ai postulé chez Drouant, le nom me faisait rêver, mais je n'ai pas été retenu. Je n'aurais jamais imaginé, dix ans plus tard, être partenaire et directeur de la cuisine et de la salle. Ce qui est extraordinaire, c'est qu'Antoine ne m'a pas seulement confié une institution historique, mais, il m'a permis de réaliser mon plus beau rêve : sortir de la cuisine pour rencontrer les clients.

MES PETITES CONFIDENCES

Quand j'ai ouvert *Mon vieil ami*, je voulais un aubergiste, un cuisinier qui accueille le client, lui prenne son chapeau, l'installe, comme un ami justement. Antony était et continue d'être cet homme-là… *Antoine*

Les rencontres sont essentielles. La nôtre a bien sûr été déterminante. De toute façon, la cuisine est une histoire de complicité, de passion, de plaisir. L'écrire avec l'équipe, la partager avec le client, c'est fabuleux ! *Antony*

J'aime l'échange, le partage, la liberté, donner à d'autres leur chance d'apporter leur pierre à l'édifice... Autrement, que vaudrait mon parcours étoilé ? *Antoine*

Ma mère ne voulait pas que je devienne cuisinier. Pour elle, c'était la mine ! Pas de samedi, pas de dimanche. C'est vrai. Mais la passion renverse bien des montagnes. *Antoine*

La générosité, l'ouverture, ne sont pas que des mots. Chez Drouant, en cuisine et pâtisserie, nous sommes vingt et nous rassemblons sept ou huit nationalités. *Antony*

LE PERSIL

« Qui repique du persil, repique ses meilleurs amis ». Cette vieille croyance provient d'une confusion faite entre le persil et la petite ciguë. Très toxique, cette plante sauvage empoisonna des familles entières. En effet, les jeunes feuilles de persil plat ressemblent à celles de sa redoutable cousine. Il n'en fallait pas plus pour interdire de faire pousser du persil !

- GALETTE D'ÉPINARDS
- SALADE DE POMMES DE TERRE

ANTONY CLÉMOT
ANTOINE WESTERMANN

GALETTE D'ÉPINARDS ET DE POMMES DE TERRE ŒUF À CHEVAL

Préparation : 25 min
Cuisson : 10 min
Pour 4 personnes

- 200 g de pommes de terre de grosseur égale
- 500 g d'épinards frais
- 50 g de beurre
- 5 œufs
- 1 pincée de noix de muscade râpée
- Huile d'arachide Lesieur
- Sel

LE + NUTRITION

L'œuf est la source de protéines la plus équilibrée et la plus complète.

1 Lavez les pommes de terre et faites-les cuire dans de l'eau sans les peler. Lorsqu'elles sont *al dente,* réservez-les et laissez-les refroidir.

2 Lavez les épinards et tranchez-les grossièrement. Faites-les revenir à la poêle pendant 5 min avec le beurre. Réservez. Pelez et râpez les pommes de terre refroidies. Mélangez-les aux épinards. Incorporez un œuf et la muscade. Salez.

3 Préchauffez le four à 180 °C (th. 6). Confectionnez des galettes à partir du mélange de légumes. Placez les galettes de légumes dans un plat et faites-les réchauffer 10 min. Dans une poêle, faites chauffer un peu d'huile, faites cuire 4 œufs au plat.

4 Disposez délicatement un œuf cuit sur chaque galette. Servez bien chaud.

ANTONY CLÉMOT
ANTOINE WESTERMANN

SALADE DE POMMES DE TERRE AUX POIREAUX ET AU PERSIL FRIT

Préparation : 15 min
Cuisson : 30 min
Pour 4 personnes

- 200 g de pommes de terre
- 200 g de poireaux
- 1 cuillerée à café de fleur de sel
- 1 botte de persil frisé
- 4 cuillerées à soupe de vinaigre de riz
- Huile Fleur de colza Lesieur
- Sel, poivre

1 Pelez les pommes de terre avec un couteau économe. Lavez-les. Coupez la partie verte des poireaux et lavez les blancs.

2 Faites cuire les pommes de terre et les poireaux 25 min dans une grande quantité d'eau additionnée de fleur de sel. Égouttez les légumes cuits et écrasez-les au presse-purée. Ajoutez 4 cuillerées à soupe d'huile de colza et le vinaigre de riz. Mélangez le tout. Salez, poivrez.

La cuisson de la friture est à laisser à la charge d'un adulte.

3 Faites chauffer de l'huile dans une friteuse. Lorsqu'elle est bouillante, plongez-y les feuilles de persil à l'aide d'une écumoire. Égouttez le persil sur du papier absorbant.

4 Présentez la salade en formant des quenelles de légumes écrasés sur chaque assiette. Parsemez de persil frit. Servez aussitôt.

CHRISTOPHE FELDER

TOUJOURS PASSIONNÉ APRÈS DES ANNÉES DE PRATIQUE ET UN EMPLOI DU TEMPS ULTRA-CHARGÉ, CHRISTOPHE FELDER EST AUSSI DOUÉ POUR LA VIE QUE POUR LA CUISINE !

Devenir Chef était un rêve d'enfance ?

J'ai grandi en Alsace, dans la boulangerie-pâtisserie de mes parents. Jackie, le jeune pâtissier, jouait beaucoup avec moi. J'étais toujours dans ses pattes, sa dextérité, ses gestes méthodiques m'impressionnaient. J'aimais beaucoup le sucré et je faisais souvent des tartes fines. J'avais l'impression de les avoir inventées ! Mais je me rêvais plutôt basketteur, je jouais dans l'équipe des benjamins d'Alsace.

Alors comment êtes-vous devenu pâtissier ?

J'étais fort en maths, mais pas très bon à l'école. Mon père m'a trouvé une place chez Litzler-Vogel, à Strasbourg. J'ai commencé à 15 ans, logé-nourri, du lundi soir au dimanche matin, de 6 h à 19 h, et j'ai adoré ! Mais, à 16 ans, je ne me projetais pas dans l'avenir et je regardais les filles plus que les gâteaux ! Après Strasbourg, je suis allé à Metz, chez Claude Bourguignon, un pâtissier étonnant dans le milieu, très en avance sur le plan social – il respectait les 39 h ! – et très fin. En partant, il m'a offert un exemplaire de *Jonathan Livingston le goéland*, un très beau livre.

Imaginiez-vous devenir un jour l'un des plus prestigieux pâtissiers de France ?

Pas du tout ! Je pensais ouvrir une petite usine de gâteaux, en Alsace, mais je rêvais aussi d'entrer chez Dalloyau. Dès que j'ai eu mon permis, je suis allé à Paris voir sa vitrine. Il ne m'a pas pris, mais je suis entré chez Fauchon, puis chez Guy Savoy et comme Chef au Crillon. J'avais 24 ans.

Et vous y êtes resté 15 ans...

Incroyable, n'est-ce pas ! Il faut dire que les palaces sont des endroits fabuleux, un peu comme des châteaux de contes de fées : le plus dur n'est pas d'y entrer, malgré leurs façades impressionnantes, mais de se résoudre à en sortir ! J'y ai passé quinze années formidables de création et de plaisir. Mon credo était « le goût d'abord ! », la fraîcheur maximale, bien sûr, et la beauté. J'ai imaginé un millier de desserts et popularisé ce qu'on appelle « le dessert à l'assiette ». Aujourd'hui, je crée pour le Japon et je donne des cours grand public.

MES PETITES CONFIDENCES

Gourmandise, bienveillance, plaisir, liberté... Voilà des vertus cardinales et je salue celles et ceux que ces quatre mots séduisent : ils ont une âme de pâtissier !

J'aime la vie. J'ignore quelle fée s'est penchée sur mon berceau, mais elle devait être drôlement gourmande ! Car j'ai réalisé mon plus beau rêve : exercer mon métier en toute liberté.

Mon père est venu dans le métier par hasard. À 21 ans, il travaillait à l'usine et le soir, il aidait le boulanger du village. Il aimait la qualité, il nous emmenait dans de bons restaurants et il faisait, avec les fruits du verger, des tartes exceptionnelles. Mon exigence de fraîcheur, mon goût pour la simplicité n'ont pas d'autre origine.

La pâtisserie, c'est comme la musique. Quand on connaît les notes, c'est plus facile ! Et les meilleures recettes s'élaborent même comme les tubes populaires : en 5 minutes ! Je ne crois pas à la création pour la création. La course à la performance tue vite l'originalité et le plaisir d'inventer.

LA GUIMAUVE

Savez-vous que la guimauve est une plante dont les racines sont utilisées pour fabriquer le bonbon ? Lors d'un feu de camp, on pique une guimauve au bout d'un bâton et on la fait griller au-dessus du feu. Sa surface se caramélise et sa texture devient très collante. Le « s'more », une gourmandise populaire aux États-Unis, est composée d'une guimauve grillée et d'un carré de chocolat placés entre deux biscuits secs.

- MUFFINS AU CHOCOLAT
- SMOOTHIES À LA GUIMAUVE

CHRISTOPHE FELDER

MUFFINS AU CHOCOLAT

Préparation : 20 min
Cuisson : 12 min
Pour 12 muffins

- 100 g de chocolat noir à pâtisser
- 130 g de beurre
- 4 œufs
- 150 g de sucre en poudre
- 70 g de farine
- 1 cuillerée à soupe de cacao en poudre non sucré
- 20 framboises (fraîches ou surgelées)
- 1 banane

Pour la finition

- 100 g de chocolat noir à pâtisser

1 Préchauffez le four à 210 °C (th. 7). Faites fondre le chocolat haché et 110 g de beurre au bain-marie jusqu'à l'obtention d'une texture lisse.

2 Dans une jatte, fouettez les œufs avec le sucre pour obtenir un mélange mousseux et blanc. Incorporez le chocolat fondu, puis 60 g de farine tamisée et le cacao. Mélangez au fouet.

3 Beurrez et farinez les alvéoles d'une plaque à muffins. Déposez 1 cuillerée à soupe de pâte dans chaque alvéole. Ajoutez une framboise, recouvrez-la de pâte, puis insérez ½ rondelle de banane dans chaque muffin. Enfournez 12 min.

4 Préparez la finition. Faites fondre le chocolat au bain-marie. Démoulez les muffins froids et trempez la base dans le chocolat fondu. Alternez entre muffins couverts de chocolat et muffins nature.

CHRISTOPHE FELDER

SMOOTHIES ROSES À LA GUIMAUVE

Préparation : 10 min
Pour 3 personnes

- 1 banane pas trop mûre
- 100 g de fraises
- 4 glaçons
- 1 barquette de framboises
- 1 yaourt nature
- 50 g de guimauve du boulanger, à la fraise

1 Mettez 3 grands verres au congélateur. Pendant qu'ils refroidissent, pelez la banane. Lavez et équeutez les fraises. Découpez ces fruits en gros morceaux.

LE + NUTRITION

Cette recette allie la douceur des bonbons et les bienfaits des fruits, pour le plus grand plaisir des enfants et des parents !

2 Dans le mixeur, faites tourner les glaçons de manière à obtenir de la glace pilée. Ajoutez les fruits coupés, les framboises, le yaourt et la guimauve coupée en morceaux.

3 Mixez afin d'obtenir une texture épaisse. Répartissez le smoothie dans les verres froids. Servez aussitôt.

MICHEL GUÉRARD

APRÈS SON PREMIER RESTAURANT À ASNIÈRES, EN RÉGION PARISIENNE, C'EST DÉSORMAIS EN GASCOGNE QUE MICHEL GUÉRARD RÈGNE SUR PLUSIEURS TABLES ET LIEUX D'EXCEPTION, POUR DES SÉJOURS AUSSI GOURMANDS QUE REPOSANTS.

Devenir Chef était un rêve d'enfance ?

Oh, non ! J'ai envisagé beaucoup de carrières quand j'étais petit, la prêtrise – pendant une période mystique –, puis la médecine, avec la découverte des sciences naturelles, mais à 16 ans, juste après la guerre, j'ai dû entrer en apprentissage. Ma mère et ma grand-mère m'avaient rendu très gourmand et j'avais un très bon copain dont le père était pâtissier. Enfourner une pâte toute fine et la voir sortir toute gonflée m'émerveillait !

Vous êtes donc devenu pâtissier…

Oui. Mon premier patron, Kleber Alix, était pâtissier-traiteur à Mantes-la-Jolie. L'apprentissage était dur comme du silex, mais l'expérience extraordinaire. Nous faisions tout, nos pâtes, nos « petits Lu », même notre vin ! Et, à 19 ans, je suis sorti premier du concours du CAP de Paris. Ensuite, j'ai passé un an entre Dieppe et Rouen, à l'Hôtel du Cygne, dont le Chef – deux étoiles – avait travaillé avec Escoffier. Il savait communiquer, je n'avais plus qu'une envie : devenir Chef à mon tour.

Comment êtes-vous passé de la pâtisserie à la cuisine ?

Pendant les 28 mois de mon service militaire ! Cuistot au mess des officiers de marine, j'ai continué à apprendre, j'ai beaucoup lu – le *Larousse gastronomique* – et je m'amusais à reproduire les plats que je découvrais dans cet ouvrage. Mais au retour du régiment, c'est comme Chef pâtissier que j'ai été engagé au Crillon. J'ai découvert une grande brigade et le dédain des cuisiniers pour les pâtissiers. À l'époque, on nous appelait « les gnôleux[1] » !

Et votre parcours n'a cessé de s'enrichir…

Lucas Carton, Maxim's, le Lido… ces escales m'ont enchanté, mais mes parents se désespéraient de me voir célibataire et toujours pas établi. Alors j'ai acheté un bistrot « à la bougie », à Asnières – sans même l'avoir vu ! – et j'ai monté le Pot-au-feu. Ce n'était pas un rêve, j'ai dû batailler dur, surtout d'un point de vue économique, mais c'est devenu un défi !

[1] « Gnôleux, n. m., mauvais pâtissier pour le boulanger (qui lui reproche de boire autant d'alcool que ses pâtisseries.) » in *Le Parler des métiers,* Pierre Perret.

MES PETITES CONFIDENCES

Après l'aventure du Pot-au-feu, je pensais m'installer à Paris. J'étais très parisien – j'ai même failli racheter Maxim's ! –, mais en rendant visite à Christine, ma fiancée d'Eugénie-les-Bains, j'ai eu l'idée de créer une cuisine adaptée aux curistes. Pourquoi pas ? Et ma « cuisine minceur » a fait le tour du monde.

Mes étoiles, mes succès, tout cela représente l'histoire d'une vie ! Surtout ma rencontre avec Christine, notre installation à Eugénie-les-Bains… Qui aurait cru que nous ferions la couverture du *Time Magazine* ? Pas moi !

On ne fait rien sans une équipe, et une équipe soudée. Bâtir une philosophie, un climat, communiquer et partager son enthousiasme, savoir interpréter la critique, s'organiser, être respectueux des autres… tout cela constitue la mécanique générale des maisons comme les nôtres.

Dans nos métiers, nous apportons une part de rêve. On ne peut le faire, et le faire bien, que si l'on est soi-même capable de rêver sérieusement !

Finalement, mon meilleur souvenir – au moins professionnel – est l'obtention de ma deuxième étoile. Elle m'a donné envie de conquérir la troisième ! Pour le reste, il faut rêver, bien sûr, et surtout ne jamais être en retard d'un rêve.

LA FRAISE

D'un beau rouge vif, la fraise est rafraîchissante et stimulante. Les Romains l'appréciaient déjà pour ses vertus thérapeutiques tandis qu'au Moyen Âge, les alchimistes la conseillaient comme remède. Le Quintinie, le jardinier de Louis XIV, la cultiva sous serres, puis un explorateur au nom prédestiné, Antoine-Amédée Frézier, rapporta du Chili de nouveaux plants à fruits plus gros.

- MILK-SHAKE À LA FRAISE
- GÂTEAU AU CHOCOLAT

MICHEL GUÉRARD

MILK-SHAKE À LA FRAISE

Préparation : 15 min
Pour 1 personne

- 200 g de fraises fraîches
ou des framboises, des mûres, des pêches, etc.
- 25 g de sucre en poudre
- 1 yaourt au lait entier
- 30 cl de lait entier très froid

LE + NUTRITION

Le milk-shake est un excellent goûter qui combine l'apport en produits laitiers (source de calcium) et en fruits (source de vitamines, fibres et minéraux).

1 Lavez et essuyez les fraises. Déposez-les dans le bol du mixeur avec le sucre et le yaourt. Mixez le tout jusqu'à obtenir un coulis puis, petit à petit, incorporez le lait froid.

2 Mixez de nouveau et versez dans un grand verre. Servez aussitôt.

MICHEL GUÉRARD

GÂTEAU AU CHOCOLAT DE MAMAN GUÉRARD

Préparation : 20 min
Cuisson : 1 h
Pour 6 à 8 personnes

- 280 g de beurre
- 280 g de chocolat noir à pâtisser
- 9 jaunes d'œufs
- 280 g de sucre en poudre
- 5 blancs d'œufs

1 Préchauffez le four à 150 °C (th. 5). Au bain-marie, faites fondre ensemble le beurre et le chocolat coupés en petits morceaux.

2 Séparez les blancs des jaunes d'œufs en conservant 5 blancs. Montez au fouet les jaunes et le sucre jusqu'à ce que le mélange s'allège et blanchisse (cette opération peut aussi se réaliser en chauffant légèrement le bol qui contient la préparation).

3 Incorporez le chocolat fondu à ce mélange. Montez les 5 blancs en neige et incorporez-les à la préparation précédente.

4 Versez les deux tiers de la pâte dans un moule rond beurré (ou en silicone). Faites cuire au four pendant 1 h environ. Démoulez le gâteau et laissez-le refroidir. Recouvrez-le avec le reste de crème au chocolat. Dégustez-le ainsi.

ÉRIC GUÉRIN

JEUNE CHEF ÉTOILÉ, ÉRIC GUÉRIN SAIT CE QUE SE BATTRE POUR RÉALISER SON RÊVE VEUT DIRE ! TOUJOURS SUR LA BRÈCHE, IL A FAIT DE SON RESTAURANT UN LIEU DE PLAISIRS ET DE RENCONTRES.

Devenir Chef était un rêve d'enfance ?

Petit, j'aimais l'art et j'adorais la nature. Ma mère tenait une galerie à la maison. Au début, je l'aidais à décorer la table. Et puis, gamin, on veut toujours aller plus loin, alors j'ai fait des gâteaux. Porté par ce plaisir de l'échange et de l'accueil, à 12 ans, je rêvais d'avoir un « château », peuplé d'animaux, dans lequel je recevrais à mon tour.

Comment avez-vous réalisé ce rêve ?

Après l'école hôtelière, je suis entré à La Tour d'Argent. À l'époque, il fallait se battre, mais quel apprentissage ! Mon premier Chef, Manuel Martinez, était très dur, mais j'étais subjugué. Ensuite, j'ai travaillé chez Taillevent et au Jules Verne. J'ai passé dix ans au service de maisons parisiennes très strictes.

Et vous apprenez que l'auberge du village où vous passiez vos vacances est en vente.

Oui. Je l'ai achetée sur un coup de tête et, deux mois plus tard, j'ouvrais la Mare aux Oiseaux ! J'avais 25 ans, j'étais jeune, insouciant, j'avais gardé des habitudes d'excellence, comme jeter le soir tout ce qui n'avait pas été consommé le jour même. Je vivais dans l'endroit de mes rêves jusqu'au jour où le rêve s'est écroulé. Le restaurant était isolé, la clientèle rare... Les banquiers n'ont plus suivi. J'ai dû fermer, la mort dans l'âme...

Et le lendemain matin...

J'apprends que j'ai une étoile au Michelin ! Deux années incroyables ont suivi. J'ai transformé le restaurant, ouvert dix chambres, agrandi et équipé la cuisine. Tout d'un coup, je pouvais faire vivre toutes mes passions dans un même lieu, la nature, la cuisine, l'art, l'écriture, la décoration. Et puis, sept ou huit ans plus tard, alors que j'étais en pleine apogée, coup de théâtre : un journaliste m'apprend que j'ai perdu mon étoile. Rien ne me l'avait laissé prévoir, je ne comprenais pas mon erreur et surtout, dans la foulée, je perdais 40 % de réservations. Un coup terrible. Mon personnel a fait bloc, on s'est battus. La clientèle est revenue et, fait rarissime, l'année suivante, je retrouvais mon étoile au Michelin !

MES PETITES CONFIDENCES

La vie est pleine de surprises. J'étais un adolescent timide, puis j'ai vécu dix années survoltées à Paris et j'ai choisi de m'installer à Fedrun. Ce lieu m'a créé en même temps que je le créais, il m'a donné bien plus que ce que je pouvais l'imaginer à 12 ans. Je rêve quand même de recommencer une autre vie, ailleurs. Pour y puiser de nouvelles richesses !

Au-delà du savoir-faire, la cuisine est un mélange de qualités humaines, d'ouverture, de générosité, d'anticipation et de maîtrise. J'aime aussi la liberté, les voyages. Rien ne me plaît tant que sentir ce vent d'évasion souffler dans ma maison !

Je trouve un immense plaisir dans les moments de partage avec mon équipe. Les voyages que nous faisons ensemble, les fins de journée après un record de fréquentation, les batailles gagnées, les soutiens dans les moments de galère… tout cela forge une histoire !

En achetant la Mare aux Oiseaux, je n'aurais jamais imaginé que j'allais écrire **une belle histoire de cuisine et d'accueil**. Je n'avais jamais imaginé non plus combien une étoile pouvait faire, ou défaire, une maison. Mon ambition était d'être à la hauteur de l'exceptionnelle magie du site, de faire vivre et de partager les valeurs auxquelles je tiens. Je n'ai pas changé.

LE CERFEUIL

Rare et délicat, le cerfeuil était appelé le « persil des riches » au Moyen Âge. Aujourd'hui, il est consommé dans toute l'Europe. Son arôme étant très volatil, il ne supporte pas la cuisson : il est préférable de laisser ses pluches crues !

- POMMES DE TERRE CONFITES AU MIEL
- CROQ POM-RADIS PRINTEMPS ÉTÉ

ÉRIC GUÉRIN

POMMES DE TERRE CONFITES AU MIEL DE BRIÈRE ŒUF POCHÉ

Préparation : 20 min
Cuisson : 10 min
Pour 4 personnes

- 1 cuillerée à soupe de vinaigre blanc
- 4 œufs frais
- 5 pommes de terre amandine
- 20 cl de bouillon de légumes
- 10 cl de sirop de citron de qualité
- 4 petits bouquets de salade (roquette ou mizuna)
- Fleur de sel de Guérande
- Poivre du moulin

Pour la sauce

- 10 cl de bouillon de légumes
- 3 cuillerées à soupe de vinaigre de citron
- 3 cuillerées à soupe de vinaigre balsamique blanc
- 1 cuillerée à soupe de miel
- 3 cuillerées à soupe d'huile Isio 4 Olive

1 Versez le vinaigre blanc dans une grande quantité d'eau et faites bouillir. Cassez les œufs un par un dans une tasse. Versez délicatement chaque œuf dans l'eau. Laissez cuire 2 min. Le blanc doit coaguler et le jaune doit rester tendre à cœur. Égouttez les œufs sur du papier absorbant. Conservez-les au frais.

2 Pelez et émincez les pommes de terre en rondelles de 3 mm. Mettez-les à cuire dans le bouillon et le sirop de citron. Vérifiez la cuisson des pommes de terre avec la pointe d'un couteau : elles doivent rester croquantes. Égouttez-les et gardez-les au frais dans un petit peu de bouillon.

3 Pour la sauce, mixez les ingrédients dans le bol du mixeur jusqu'à l'obtention d'une vinaigrette épaisse. Réservez au frais.

4 Égouttez et montez les pommes de terre en rosace régulière sur une assiette. Placez ensuite un œuf poché sur un petit bouquet de salade. Versez un trait de sauce en travers du plat. Saupoudrez de grains de fleur de sel de Guérande et d'un tour de moulin à poivre. Servez aussitôt.

ÉRIC GUÉRIN

CROQ POM-RADIS PRINTEMPS ÉTÉ

Préparation : 20 min
Pour 4 personnes

- 125 g de beurre salé
- 1 botte de radis avec fanes
- ½ pomme pink lady
- 1 cuillerée à soupe de Vinaigrette légère Isio 4 au vinaigre de cidre & pomme-miel
- 4 tranches de bon pain
- ½ botte de cerfeuil
- Sel de Guérande

1 Laissez le beurre ramollir à température ambiante. Coupez les fanes de radis avec une paire de ciseaux, lavez-les à l'eau froide et égouttez-les.

2 Assemblez le beurre et les fanes de radis dans le bol d'un mixeur. Mixez afin d'obtenir un beurre bien vert. Mettez celui-ci dans une boîte hermétique et conservez-la dans un endroit frais, mais pas au réfrigérateur pour que le beurre ne durcisse pas (sauf si vous faites la recette la veille).

3 Lavez les radis. Râpez finement les radis et la demi-pomme. Mélangez dans un bol et ajoutez la vinaigrette.

4 Faites éventuellement griller les tranches de pain. Laissez refroidir, puis tartinez-les de beurre. Parsemez le mélange de pommes et radis. Saupoudrez chaque tartine de fleur de sel de Guérande et de feuilles de cerfeuil. Servez bien frais.

MARC HÆBERLIN

CHEF DE L'AUBERGE DE L'ILL, EN ALSACE, MARC HÆBERLIN HONORE AVEC TALENT ET GÉNÉROSITÉ LES TROIS ÉTOILES QUI ILLUSTRENT L'ÉTABLISSEMENT FAMILIAL DEPUIS 1967.

Devenir Chef était un rêve ?

Non. À dix ans, je rêvais d'une vie champêtre. Je voulais être agriculteur ou garde-chasse, comme celui du village de ma grand-mère. Chaque fois que j'allais en vacances chez elle, et j'y allais souvent, il m'emmenait dans ses expéditions. J'adorais courir les champs et les forêts !

Alors comment êtes-vous venu à la cuisine ?

Je suis né dans cette ambiance. L'actuelle Auberge de l'Ill – autrefois celle de l'Arbre Vert – a été achetée en 1882 par mon arrière-grand-père, Frédéric Hæberlin. À 12 ans, quand je n'avais pas classe, je donnais des coups de main en cuisine. J'épluchais des légumes, je vidais des truites. J'aidais mon père qui officiait avec un second. Je trouvais très amusant de produire quelque chose avec un jeune de mon âge, mais je n'imaginais pas en faire mon métier. Et puis, vers 16 ans, mes études n'étaient pas très brillantes, ma mère tenait à ce que je passe le bac, alors nous avons trouvé un compromis : l'école hôtelière de Strasbourg.

Imaginiez-vous tenir à votre tour l'une des plus prestigieuses tables de France ?

Non ! À 16 ans, je n'avais pas vraiment conscience de la renommée de l'Auberge de l'Ill, ou du talent de mon père. Ensuite, j'ai eu la chance de travailler avec les plus grands, Jean et Pierre Troisgros, Gaston Lenôtre, Paul Bocuse, René Lasserre… Pour moi, ces hommes étaient des sortes de dieux ! C'était un autre monde et l'herbe m'y semblait beaucoup plus verte que sur les bords de l'Ill. Je rêvais d'être comme eux ! Ce n'est qu'après mon stage chez Paul Bocuse que j'ai commencé à croire que je pouvais peut-être prendre la relève de mon père. Et peu à peu, j'ai eu hâte de rentrer au bercail pour concevoir ma propre cuisine.

MES PETITES CONFIDENCES

Je suis gâté ! Ce que je vis correspond si bien à ce qui m'a fait rêver à mes débuts que si c'était à refaire, je recommencerais ! Il y a tant de sensations en cuisine, tant de choses à découvrir, tant de nouvelles techniques ! Par exemple, quand on décide d'un nouveau plat au menu, j'ai tout de suite son parfum en bouche. Trouver ensuite les bons produits, savoir lesquels s'accorderont, et concrétiser cette symphonie est un bonheur quotidien.

Il faut bien sûr être rigoureux. L'échec existe, mais il ne faut pas se laisser dominer par le stress ou par la peur d'échouer ! Sinon, on ne fait plus rien.

L'envie de poursuivre la lignée familiale, celle de garder la tradition d'accueil et la qualité qui règnent à l'Auberge de l'Ill depuis sa fondation, sont des motivations très fortes. **J'espère aussi transmettre ce rêve,** au quotidien, à mes proches et à tous les employés qui viennent travailler chez nous.

Une cuisine, c'est une équipe. Être à la tête de son affaire, bien entouré, créer tous ensemble, tout cela est magique. Et puis donner, le temps d'un repas, un peu de bonheur aux gens qui poussent la porte de nos maisons, cela n'a pas de prix. On fait le plus beau métier du monde ! Et la plus belle récompense, c'est le « merci » que les gens, petits ou grands, nous disent en partant.

L'AIL

« Qui a de l'ail dans son jardin n'a pas besoin de médecin ! », dit le proverbe. En effet, cette plante à bulbe est connue depuis l'Antiquité pour ses vertus médicinales. Au Moyen Âge, les enfants portaient des tresses d'ail autour du cou pour se défendre des sorcières. La légende de l'ail constituant une protection contre les vampires prendrait ses origines dans cette coutume.

- SAUMON RÔTI À L'AIL ET AU LARD
- ŒUF MAYO AUX ŒUFS DE POISSON FUMÉS

MARC HÆBERLIN

SAUMON RÔTI À L'AIL ET AU LARD

Préparation : 25 min
Cuisson : 20 min
Pour 4 personnes

- 200 g de lard
- 12 gousses d'ail rose nouveau en chemise
- 4 pavés de saumon avec la peau de 180 g chacun
- 2 cuillerées à soupe de farine
- 1 cuillerée à soupe d'huile d'olive Lesieur
- 2 échalotes ciselées
- 2 cuillerées à soupe de vinaigre de Xérès
- 15 cl de fond brun de veau
- 3 cuillerées à soupe de crème liquide
- 50 g de beurre coupé en petits morceaux
- 200 g d'épinards cuits à la vapeur
- Sel, poivre

1 Taillez le lard en lardons de 0,5 cm sur 2 cm. Tapez les gousses d'ail entre la main et le plan de travail.

2 Préchauffez le four à 120 °C (th. 4). Salez et poivrez les pavés de saumon. Farinez-les. Faites chauffer l'huile d'olive dans une poêle et faites colorer les pavés côté peau pendant 2 min. Ajoutez les gousses d'ail et les lardons et enfournez pour environ 8 min. Le saumon doit rester rosé. Sortez-le du four et retournez les pavés de poisson. Égouttez-les et gardez-les au chaud sur une grille.

3 Remettez la poêle sur le feu. Faites rissoler le lard et l'ail quelques minutes. Réservez.

4 Mettez les échalotes dans la poêle. Versez le vinaigre, puis le fond de veau et la crème. Faites réduire à feu doux jusqu'à obtenir une consistance un peu épaisse. Incorporez le beurre. Mélangez. Servez le saumon sur un lit d'épinards entouré des gousses d'ail, des lardons et surmonté de sauce.

MARC HÆBERLIN

ŒUF MAYO AUX ŒUFS DE POISSON FUMÉS

Préparation : 30 min
Cuisson : 10 min
Pour 4 personnes

- 40 cl de vinaigre de vin
- 4 œufs de ferme très frais + 5 jaunes d'œufs
- 50 cl de crème de soja
- 2 feuilles de gélatine
- 250 g de haricots verts coupés en dés
- 250 g de céleri branche coupé en dés
- 2 cuill. à soupe d'huile de noisette Lesieur
- 1 cuill. à soupe de moutarde forte Lesieur
- 60 g d'œufs de poissons fumés (saumon, truite)
- Sel

1 Faites bouillir une grande quantité d'eau additionnée de 3 cuillerées à soupe de vinaigre. Cassez les œufs un à un dans une tasse et faites-les pocher. Égouttez-les sans les rafraîchir.

2 Dans une casserole, portez le lait de soja à ébullition. Versez-le progressivement sur les jaunes d'œufs en fouettant. Remettez le mélange à feu doux en tournant jusqu'aux premiers signes d'ébullition et continuez à mélanger.

Incorporez les feuilles de gélatine préalablement trempées et essorées. Laissez refroidir hors du feu.

3 Faites blanchir à l'eau salée les dés de haricots verts et de céleri. Égouttez-les et laissez-les refroidir. Mélangez-les et assaisonnez-les à l'huile de noisette.

4 Dans le fond de chaque verre de service, disposez le mélange de haricots verts et de céleri, puis un œuf poché.

5 Salez et poivrez la crème de soja. Incorporez le vinaigre et la moutarde, puis versez dans un siphon à espumas avec deux cartouches de gaz. Actionnez le siphon et nappez l'œuf de cette mousse crémeuse. Décorez avec les œufs de poisson.

GUY MARTIN

CHEF ÉTOILÉ DU GRAND VÉFOUR ET DE PLUSIEURS AUTRES RESTAURANTS PARISIENS, GUY MARTIN DISTILLE AUSSI SES TALENTS À L'ATELIER, UNE ÉCOLE DE CUISINE POUR LES AMATEURS PASSIONNÉS.

Devenir Chef était un rêve ?

Non, pas du tout ! Je voulais être rocker, partir avec Médecins Sans Frontière, ou devenir alpiniste.
Être musicien de rock était tout de même ma première passion, mon surnom était Mick, comme Mick Jaeger !
Et puis j'ai découvert la peinture, vers l'âge de 12 ans. Cette seconde passion, pour les peintres et la peinture, ne m'a jamais quitté.

Alors comment êtes-vous venu à la cuisine ?

Être Chef n'était pas un rêve, mais c'est devenu une réalité ! J'ai passé le bac en candidat libre. J'avais lu un livre de cuisine avec de magnifiques photos et des recettes du monde entier. Je me suis dit pourquoi pas ? Et puis mes parents sont épicuriens, j'ai grandi avec une alimentation saine, variée.

Et aujourd'hui ?

Je vis un rêve au quotidien parce que j'ai la chance d'exercer mon métier dans des conditions exceptionnelles. Je ne viens jamais « travailler ». Trouver des produits d'une incroyable qualité, rencontrer des éleveurs, des paysans dans toute la France, transformer la matière brute, tous ces instants sont des moments magiques. Le rêve, c'est la possibilité que j'ai d'avoir accès à tout cela et de vivre ces moments-là.

Comment créez-vous vos recettes ?

Je reviens à la peinture. Cet art m'aide à vivre, et il m'aide en cuisine. L'œuvre d'un peintre, la dynamique d'une toile, un aspect de la matière, ou encore une photographie m'inspirent un mouvement, et c'est à partir de ce mouvement, ou dans ce mouvement, que j'élabore une recette. Je peux avoir vu une toile ou une photo et, trois semaines plus tard, créer une recette. Le lien n'est pas direct, ni évident, mais il est là.
Deux mouvements se mélangent, une dynamique se créée. Je ne sais pas, je travaille en « free-style », et les codes ne m'intéressent pas.

MES PETITES CONFIDENCES

Mes parents m'ont appris la valeur des choses, le respect des autres et la liberté. **J'ai grandi dans l'ouverture d'esprit, avec l'idée que tout est possible.** Tout est toujours possible, sous une forme ou une autre et il en va de même en cuisine. Lorsque j'élabore une recette, je ne m'obstine pas. Je goûte au fur et à mesure et, si je ne suis pas satisfait, c'est-à-dire si je n'aime pas ce que je mange, j'arrête. Je ne renonce pas, j'entame un autre parcours, avec d'autres ingrédients. Je refuse d'être enfermé ou de m'enfermer dans un cadre. C'est mon côté Rolling Stones, pas toujours très sage !

La clef du bonheur, chacun la porte au fond de soi.
Être ouvert sur le monde et les autres, rire et aimer, conserver la spontanéité de nos premiers élans est une façon de la trouver. Le doute m'habite en permanence, mon travail est stressant. Un regard, un sourire me redonnent l'élan dont j'ai besoin.

Mon rêve aujourd'hui ? Que l'humanité se porte mieux. **Que les enfants croient en leurs rêves, qu'ils aient envie d'aller décrocher la lune et qu'ils y aillent, sans se mettre de barrières !** Ce n'est pas devenir quelqu'un qui compte, mais se découvrir, être soi-même. C'est une quête perpétuelle, mais quelle aventure !

LE PHYSALIS

Protégée dans un calice brun, cette baie pousse sur un arbrisseau originaire d'Amérique du Sud.

Quand la fine membrane qui la protège s'ouvre, elle dévoile un fruit tout rond, jaune ou rouge, au goût acidulé.

On l'appelle aussi « cerise d'hiver », « coqueret du Pérou » ou même « amour-en-cage »...

- VERRINES DE CRABE AU PHYSALIS
- SALADE CÉSAR AU POP-CORN

GUY MARTIN

VERRINES DE CRABE AUX PHYSALIS

Préparation : 15 min
Pour 2 personnes

- 2 têtes de brocoli cru
- 2 tomates cerises
- 1 boîte de crabe
- 10 physalis (petits quartiers d'orange)
- 20 feuilles d'estragon hachées
- 1 yaourt crémeux
- 2 tranches de pain
- Sel, poivre du moulin

1 Hachez grossièrement le brocoli. Coupez les tomates en rondelles.

2 Dans un bol, mélangez la chair de crabe avec les physalis taillés en quatre, l'estragon haché et le yaourt. Salez, poivrez. Ajoutez le brocoli et les tomates en rondelles. Mélangez bien.

3 Taillez les tranches de pain en forme de mouillette (de 3 à 4 cm de long et 1 cm de côté) et faites-les griller.

4 Dans chaque verre, disposez le crabe aux physalis et plantez 4 mouillettes de pain grillé.

LE + NUTRITION

Voici une recette complète qui associe l'apport en féculents (pain), en protéines (crabe), en fibres (légumes), en calcium (yaourt) et en vitamines (physalis) !

GUY MARTIN

SALADE CÉSAR AU POP-CORN

Préparation : 15 min
Pour 2 personnes

- 3 sucrines (ou romaines)
- 2 radis ronds
- 2 tranches fines de comté
- 20 g de pop-corn
- 4 cornichons
- Sel, poivre

Pour la mayonnaise (ou fromage blanc nature)

- 1 jaune d'œuf
- 10 g de wasabi
- 4 cuillerées à soupe d'huile de pépins de raisin
- 1 cuillerée à soupe de jus de citron vert
- 2 pointes de couteau de curry en poudre

1 Coupez les sucrines et lavez-les bien. Taillez en rondelles les radis et les cornichons. Taillez les tranches de comté en bâtonnets de 2 mm.

2 Préparez la mayonnaise. Fouettez le jaune d'œuf avec le wasabi et l'huile de pépins de raisin. Incorporez ensuite le jus de citron, 1 cuillerée à soupe d'eau et le curry. Fouettez bien. Salez et poivrez.

3 Dans un bol, réunissez la salade bien égouttée, les radis, le comté, les cornichons émincés et le pop-corn.
Versez la mayonnaise au curry. Mélangez bien et servez frais.
Vous pouvez aussi remplacer la mayonnaise par du fromage blanc nature.

MARC MENEAU

MARC MENEAU EST CHEF DE L'ESPÉRANCE, À SAINT-PÈRE SOUS-VÉZELAY. AMATEUR DE GRIMOIRES ET DE CUISINE ANCIENNE, CE « DRUIDE » AUX FOURNEAUX CHANGE, EN INLASSABLE INVENTEUR, L'HISTOIRE CULINAIRE EN ART CONTEMPORAIN.

Devenir Chef était un rêve d'enfance ?

Oh, non ! J'ai fait l'école hôtelière pour être gestionnaire ou directeur d'un grand hôtel. Je ne pensais pas devenir un homme à veste blanche ! Mais il se trouve que j'aime beaucoup les livres. Et c'est en les ouvrant que j'ai découvert la poésie, la littérature, l'histoire de la cuisine. Tout cela m'a beaucoup attiré.

Alors comment êtes-vous devenu Chef ?

En apprenant avec les livres et puis en m'essayant ! Pour ma première recette, j'ai voulu faire des ballotins de canard aux noisettes. Quand on débute, on cherche le plus facile et on ne trouve que le plus compliqué ! Je ne savais pas du tout comment était fait un canard et encore moins « lever » un filet sur la côte dorsale numéro 3 ! Heureusement, ma belle-mère était excellente cuisinière. Je lui téléphonais et, l'écouteur coincé à l'oreille, le couteau en main, je suivais ses instructions à la lettre. J'ai dû gâcher des dizaines de foies gras avant de comprendre que leur constitution ne permettait pas de cuisson à haute température...

Imaginiez-vous tenir un jour l'une des plus prestigieuses tables de France ?

Pas du tout ! Quand je me suis installé en 1968, dans le café-épicerie que tenait ma mère, je ne savais pas du tout ce qu'était un guide de restaurant. Et quand j'ai eu ma première étoile, en 1971, j'ai cherché à rencontrer des gens qui pouvaient m'ouvrir l'esprit, m'apporter un éclairage plus profond. André Guillot, Alex Humbert... ont été ces hommes-là.

Et vous avez poursuivi, entre Histoire et modernité, les livres et la cuisine...

Nous avons dix mille ans de cuisine derrière nous, c'est fascinant ! Chercher les origines d'un plat ou d'un produit, restituer un goût oublié, raconter l'Histoire dans une assiette tout en lui donnant un sens actuel, reste ma plus grande passion. Je ne fais pas de la cuisine de musée, même si je ressors les « vieux » légumes ! J'avance, j'invente, j'associe, je travaille l'olive avec la truffe, les haricots avec le foie gras...

MES PETITES CONFIDENCES

Manger, chez nous qui avons le privilège de ne pas avoir faim, c'est aussi nourrir sa tête ! **Il faut encourager l'extraordinaire curiosité des enfants.** Tous les beurres, par exemple, n'ont pas le même goût. Chercher la différence, se nourrir l'esprit en même temps que le ventre, éveille tous les autre sens.

L'avantage d'être autodidacte, c'est qu'on est libre de faire la révolution tous les jours ! Et moi, j'aime bien la révolution.

La cuisine procure une émotion sensuelle qui ressemble à l'amour. Les hommes sont faits pour ces émotions-là ! Le plus beau compliment que peut recevoir un cuisinier n'est pas un mot, mais le sourire offert sur le visage d'un convive.

Une fraise doit être rose, une framboise pourpre, une cerise rouge, la menthe peut être blanche ou verte, et les poissons ne sont pas carrés ! La vue, l'odorat, le toucher, et même l'ouïe, tous les sens sont conviés à table. Et quand le goût vient en dernier, il n'en est que plus aiguisé.

Il faut rester modeste : c'est le produit qui fait le cuisinier. Et derrière le produit, tous ceux qui travaillent pour le rendre exceptionnel.

Le cuisinier, comme le peintre, le musicien ou l'écrivain, est un vecteur de culture. J'aime être ce passeur.

LE CITRON

Avant de prélever l'écorce du citron, il est préférable d'utiliser un fruit non traité ou de le brosser soigneusement. Le zeste s'obtient en râpant le fruit ou le pelant avec un couteau économe. Le citron sert aussi d'arôme, le plus souvent en pâtisserie pour parfumer des crèmes, flans, gâteaux, mousses, soufflés, tartes...

SABLÉS BRETONS AU CITRON
POMMES D'AMOUR

MARC MENEAU

SABLÉS BRETONS AU CITRON

Préparation : 20 min
Repos : une nuit
Cuisson : 12 min

- 8 jaunes d'œufs
- 320 g de sucre en poudre
- 4 zestes de citron
- 320 g de beurre pommade
- 450 g de farine
- 30 g de levure chimique
- 4 g de sel

LE + NUTRITION

Dégustez ces biscuits gourmands en fin de repas, avec une salade de fruits ou au goûter, avec un grand verre de lait.

1 Fouettez les jaunes d'œufs avec le sucre et les zestes de citron. Incorporez le beurre, puis la farine, la levure et le sel. Mélangez bien.

2 Étalez la pâte sur la plaque du four. Laissez reposer la pâte toute une nuit.

3 Préchauffez le four à 160 °C (th. 5-6). Avec un emporte-pièce ou un verre retourné, coupez des disques dans la pâte. Enfournez environ 12 min.

MARC MENEAU

POMMES D'AMOUR

Préparation : 30 min
Cuisson : 15 min
Pour 4 personnes

- 8 pommes reinette ou elstar
- 125 g de glucose
- 500 g de sucre en poudre
- Carmin (colorant alimentaire)

1 Dans un poêlon en cuivre, faites fondre le glucose, ajoutez le sucre et 20 cl d'eau. Portez à ébullition et faites cuire à 144 °C (utilisez un thermomètre).

2 Teintez le sucre en ajoutant progressivement le carmin, jusqu'à l'obtention de la coloration désirée et continuez la cuisson jusqu'à 154 °C.

3 Arrêtez vivement la cuisson du sucre en plongeant le fond du poêlon dans un récipient d'eau glacée, afin de conserver le sucre liquide.

4 Lavez et essuyez les pommes. Piquez-les sur un long bâton en bois, puis trempez-les dans le sucre cuit. Égouttez-les quelques instants. Elles sont alors enveloppées d'une jolie carapace rouge et brillante. Piquez les bâtons, pommes en l'air, dans le polystyrène.

LE + NUTRITION

Riche en fibres, la pomme permet d'être rassasié pendant un long moment !

CHRISTOPHE MICHALAK

CHEF PÂTISSIER DU PLAZA ATHÉNÉE, LE GRAND HÔTEL PARISIEN, CHRISTOPHE MICHALAK RÈGNE EN MAÎTRE SUR UN LABORATOIRE D'OÙ SORTENT LES PLUS EXTRAORDINAIRES DES PÂTISSERIES.

Devenir Chef était un rêve d'enfance ?

J'ai d'abord rêvé d'être un super héros ! À 6 ans, déçu d'apprendre qu'ils n'existaient pas, je me suis tourné vers le dessin, la peinture. Devenir pompier me paraissait bien aussi ! Mais finalement, comme j'adorais faire des gâteaux, quelques années plus tard, c'est la pâtisserie qui l'a emporté. L'apprentissage, plutôt rude et dénigré, ne m'a pas découragé, au contraire. À 15 ans, je ne rêvais pas de passer le concours des apprentis, mais de le gagner. Et je l'ai gagné !

Et vous y êtes arrivé...

D'où qu'elle me vienne, cette envie de me battre m'a poussé après mon premier stage. Dans ce boui-boui, on fabriquait la tarte au citron avec du sirop industriel et le patron me laissait à la plonge. Heureusement, le prix du meilleur apprenti m'a sorti de là ! Je suis allée à Londres, puis à Bruxelles. J'avais faim de grandir – dans mon métier – très envie de faire le tour du monde, et mon rêve était de travailler avec Pierre Hermé ou d'être Chef pâtissier dans un palace.

Comment avez-vous réalisé ce rêve ?

Je voulais tout savoir, tout apprendre, mais je n'ai pas toujours eu les bons Chefs pour m'encourager. Alors j'ai lu, travaillé. Dans un mélange de naïveté, de passion et de confiance basée sur les premiers résultats de mon savoir-faire, j'étais convaincu « d'avoir un destin ». J'avais 20 ans, je voulais faire partie du patrimoine ! Je suis entré au Negresco, porté par cette idée, puis chez Fauchon. Ensuite, je suis allé au Japon, à New York – chez Pierre Hermé ! – et de nouveau à Paris.

Imaginiez-vous devenir un jour Champion du monde de pâtisserie ?

C'était mon rêve d'apprenti ! Je me souviens de ce que m'a dit Alain Ducasse, après la remise du trophée : « Profites-en, car on va parler de toi pendant deux ans et après, c'est terminé. » « Dans deux ans, lui ai-je répondu, on ne va parler que de moi ! » Je suis bravache, mais c'est la pâtisserie qui compte. J'en suis devenu l'un des ambassadeurs. Mes réussites ne sont qu'une façon de faire grandir le métier.

MES PETITES CONFIDENCES

« Pour moi qui suis frileux, quel bonheur de travailler au chaud ! **L'ambiance en pâtisserie est aussi plus calme qu'en cuisine.** On ne travaille pas au pas de charge. L'intensité, la concentration sont différentes. J'aime ce côté méthodique et consciencieux.

J'ai fait beaucoup de gâteaux « chi-chi-tra-la-la » ! Sans renoncer au triptyque élégance-équilibre-émotion, je veux créer de la pâtisserie simple, bonne, efficace. C'est-à-dire au goût identifiable aussi bien par l'œil que par la bouche.

Pâtissier est un travail difficile, mais en même temps... on mange ! Et des choses excellentes.

Devenir entrepreneur, continuer le métier sous son enseigne, est le rêve de beaucoup d'entre nous. C'est devenu le mien. Après avoir transmis mon savoir et mon savoir-faire, j'ai envie aujourd'hui d'écrire mon histoire.

LE CITRON VERT

Plus petit et plus rond que son cousin jaune, le citron vert a une pulpe très acide et bien juteuse. Appelé aussi « lime », il montre une belle écorce vert vif. Son zeste s'emploie comme celui du citron jaune. Frottez des morceaux de sucre de citron vert, gardez-les dans une boîte hermétique et utilisez-les pour parfumer le lait, les crèmes ou le thé.

- CHEESECAKE (MEILLEUR QU'À VEGAS)
- CHURROS AU CITRON VERT

CHRISTOPHE MICHALAK

CHEESECAKE (MEILLEUR QU'À VEGAS)

Préparation : 20 min
Repos : 1 h
Cuisson : 40 min

- 3 cuillerées à soupe de jus de fruit de la passion
- 1 feuille de gélatine
- 265 g de cream cheese (ou fromage frais)
- 2 cuillerées à soupe de crème fraiche épaisse
- 1 œuf + 1 jaune d'œuf
- 80 g de sucre en poudre
- 1 cuillerée à soupe de farine
- 1 paquet de sablés bretons
- 1 mangue
- 1 citron vert

1 Au micro-ondes, faites chauffer le jus de fruits de la passion et la gélatine préalablement ramollie dans l'eau froide, puis essorée. Versez dans une jatte, puis ajoutez la cream cheese, puis la crème épaisse. Mélangez à l'aide d'un fouet, puis versez le jaune d'œuf et l'œuf entier. Incorporez le sucre ainsi que la farine tamisée. La pâte doit être homogène et sans grumeau.

2 Préchauffez le four à 85 °C (th. 3). Versez la pâte dans des petites moules en silicone de 5 cm de diamètre et 4 cm de haut. Enfournez 40 min, puis laissez refroidir sur grille. Réservez au congélateur au moins 1 h.

3 Démoulez les cheesecakes (la texture doit être tremblotante comme celle d'une crème caramel), puis posez-les chacun sur un sablé breton. Pelez la mangue et coupez-la en petits cubes et liez-les avec la pulpe mixée du citron vert. Déposez les dés de mangue à la surface du cheesecake, puis parsemez le zeste du citron vert.

CHRISTOPHE MICHALAK

CHURROS AU CITRON VERT

Préparation : 15 min
Cuisson : 5 min
Pour 4 personnes

- 20 cl de lait entier
- 80 g de beurre
- 1 pincée de sel
- 100 g de sucre en poudre
- 160 g de farine
- 3 œufs
- 50 cl d'huile d'arachide
- 1 citron vert

1 Dans une casserole, portez à ébullition le lait, le beurre, le sel et 1 pincée de sucre.

2 Hors du feu, ajoutez la farine préalablement tamisée, puis mélangez à la spatule jusqu'à l'obtention d'une pâte homogène. Remettez sur le feu et laissez la pâte dessécher avec la spatule pendant quelques minutes.

3 Videz la pâte dans une jatte et ajoutez les œufs un par un en remuant afin d'obtenir une préparation bien lisse. Garnissez-en une poche avec une douille cannelée.

La cuisson de la friture est à laisser à la charge d'un adulte.

4 Faites chauffer l'huile dans une casserole à 160 °C. Disposez la poche au dessus de l'huile et pressez jusqu'à l'obtention de la taille voulue. Coupez la pâte au ciseau. Laissez cuire le churros jusqu'à ce qu'il devienne couleur caramel, retournez-le à l'aide d'une écumoire et déposez-le sur un papier absorbant.

5 Saupoudrez de sucre en poudre avant dégustation, puis parsemez de zestes de citron vert.

ÉRIC REITHLER

DANS SON RESTAURANT DE BLOIS, AU RENDEZ-VOUS DES PÊCHEURS, ÉRIC REITHLER FAISAIT RIMER CUISINE ET PLAISIR. DIX ANS APRÈS AVOIR ABANDONNÉ SES FOURNEAUX POUR LE CONSEIL CULINAIRE, IL EST TOUJOURS AUSSI PASSIONNÉ.

Devenir Chef était un rêve d'enfance ?

Un vrai rêve, oui, et tout a commencé par les odeurs. Je me souviens de celles du fourneau à charbon chez mes grands-parents, du bouillon gras qu'on mettait à chauffer et de celles, chez un oncle cafetier-épicier en Alsace, de bière et de parquet humide. À l'école, quand on me demandait ce que je voulais faire plus tard, je répondais toujours cuisinier !

Comment avez-vous réalisé ce rêve ?

J'ai fait l'école hôtelière de Strasbourg et, à 16 ans, j'ai pris une claque phénoménale ! Rigueur militaire, discipline de fer, j'ai bien failli abandonner. Mais j'ai forgé d'extraordinaires amitiés à l'internat et je ne me sentais bien qu'en cuisine. J'avais hâte de m'exprimer. Pourtant, en sortant du lycée, j'ai pris ma seconde claque. On est à dégauchir, on ne sait rien. Mais mon rêve prenait corps, j'étais en cuisine du matin au soir… Quel bonheur !

Imaginiez-vous tenir un jour l'une des plus prestigieuses tables de France ?

À 10 ans, je rêvais d'ouvrir mon restaurant, mes modèles étaient tous des chefs étoilés. Après la Nièvre, puis le Majestic de Cannes, je suis entré chez Jacques Lameloise, le plus jeune Chef trois étoiles de France. J'avais 20 ans, j'étais aux fourneaux, je découvrais l'excellence, une cuisine épurée, et le chef était en face de moi. Jacques était exceptionnel. Il est le premier à m'avoir montré qu'on pouvait diriger sa cuisine sans forcément terroriser ses employés.

Et vous avez ouvert votre table, à Blois. Vous rêviez d'une étoile ?

J'étais rigoureux, comme ceux que j'avais approchés, et secrètement, oui, j'avais envie d'entrer dans le cénacle. Je suis fier d'avoir apporté cette étoile à Blois. La ville n'en avait pas depuis 60 ans. Un vrai bonheur pour l'équipe et pour moi ! Et quelle stupeur, quelle jubilation en entrant dans mon bureau, de découvrir tous les messages de félicitations sur le fax. J'en avais tant que le rouleau entier s'était dévidé !

MES PETITES CONFIDENCES

J'aime les maisons où le cuisinier accueille le client. Au Rendez-vous des pêcheurs, je raccompagnais tous ceux qui venaient dîner chez moi. C'est une question de respect, de complicité aussi.

Le désir de réussir, l'esprit d'excellence, sont de belles ambitions, mais la passion rend souvent égoïste. Ma femme travaille dans le milieu médical, en cancérologie. Son regard sur la réalité de la vie m'a permis de garder les pieds sur terre… sans renoncer à mes rêves. Je veux transmettre la générosité que j'ai connue enfant, puis dans mon parcours culinaire. La belle cuisine est un moyen de le faire.

J'ai fait du rugby. Un de mes plus grands bonheurs a été de retrouver, en cuisine, le même esprit d'équipe. L'apprenti, le commis, le second, le chef de partie, le chef… quand tout le monde est soudé autour du même projet, on peut vraiment faire des miracles !

La cuisine est une passion. Je m'y suis adonné dix ans, puis j'ai vendu. On donne beaucoup dans nos métiers, et quand l'émulation devient émulsion, l'émotion, le plaisir, le bonheur partagé sont si forts qu'on ne peut plus décrocher. Aujourd'hui encore, après un long parcours dans le conseil culinaire, cette magie me manque. **J'ai très envie de recommencer !**

LA POMME

« Pomum » (« fruit » en latin) est le fruit par excellence ! La pomme était appréciée dès le monde antique tandis que les Gaulois en tiraient déjà du cidre ! Chargée de symboles, la pomme est le fruit de la connaissance ou encore le fruit défendu du Paradis. Percée à cœur par la flèche habile de Guillaume Tell ou empoisonnée dans un célèbre conte des frères Grimm, elle symbolise aussi New York, « the Big Apple ».

CARTABLE À CROQUER
BRIOCHE POMME FRAISE

ÉRIC REITHLER

CARTABLE À CROQUER

Préparation : 15 min
Cuisson : 35 min
Pour 4 personnes

- 200 g de courgettes
- 200 g de champignons
- 1 échalote
- 3 cuillerées à soupe d'huile Isio 4
- 1 rouleau de pâte brisée pré-étalée
- 200 g de jambon haché moyennement
- 40 g d'emmental râpé
- 1 œuf battu
- Sel, poivre

1 Préchauffez le four à 180 °C (th. 6). Lavez les légumes. Détaillez la courgette en petits cubes, émincez les champignons et ciselez l'échalote.

2 Dans une poêle, faites chauffer 2 cuillerées à soupe d'huile, puis faites-y revenir les courgettes pendant 10 min. Videz la poêle. À leur place, faites revenir les champignons et l'échalote avec 1 cuillerée à soupe d'huile. Dès que le mélange a pris une belle coloration, ajoutez-le aux courgettes et laissez refroidir.

3 Déroulez la pâte en gardant le papier sulfurisé. Placez-la sur la plaque du four. Taillez un grand carré en prenant soin de vous trouver au plus près des bords. Conservez les chutes de pâte.

4 Incorporez le jambon haché et l'emmental aux courgettes. Salez et poivrez. Disposez le mélange au centre du carré de pâte. Rabattez sur 3 ou 4 cm les côtés, puis le haut et le bas de la pâte sur 8 à 9 cm.

5 Préchauffez le four à 150 °C (th. 5). À l'aide d'un pinceau, déposez de l'œuf battu sur les bords pliés. Finissez le pliage avec la partie supérieure. Badigeonnez d'œuf battu. Dans les chutes de pâte, réalisez des fermetures et la poignée du cartable. Déposez-les délicatement : ils colleront grâce à l'œuf. Glissez la plaque dans le four. Faites cuire 35 min. Servez chaud.

★ ÉRIC REITHLER ★

BRIOCHE POMME FRAISE

Préparation : 25 min
Cuisson : 10 min
Pour 4 personnes

- 2 pommes golden
- 3 cuillerées à soupe d'huile Isio 4
- 3 cuillerées à soupe de sucre glace
- ½ citron
- 250 g de fraises gariguette
- 15 cl de lait écrémé
- 2 œufs
- 4 tranches de brioche
- Glace à la vanille

1 Pelez et coupez les pommes en 8 quartiers, puis chacun en deux dans la largeur.

2 Dans une poêle, faites chauffer 2 cuillerées à soupe d'huile à feu vif. Ajoutez les morceaux de pomme. Lorsqu'ils commencent à prendre coloration, saupoudrez 2 cuillerées à soupe de sucre glace. Baissez le feu, laissez caraméliser 5 min, puis arrosez du jus de citron. Videz la poêle. Laissez refroidir les pommes.

3 Lavez et équeutez les fraises. Coupez-les en deux. Mélangez délicatement les pommes froides aux fraises.

4 Versez le lait dans une assiette creuse et battez les œufs dans une autre. Retournez rapidement les tranches de brioche dans le lait, puis dans les œufs.

5 Dans une poêle antiadhésive, faites chauffer 1 cuillerée à soupe d'huile à feu vif et faites saisir les tranches de brioche. Saupoudrez d'1 cuillerée à soupe de sucre glace et retournez les tranches de brioche. Laissez caraméliser, puis dressez sur des assiettes. Déposez sur chaque tranche le mélange pomme-fraise. Accompagnez d'une glace à la vanille.

OLIVIER RŒLLINGER

DE SES ORIGINES BRETONNES, IL A GARDÉ LE GOÛT DES VOYAGES AU LONG COURS. DEPUIS DES ANNÉES, IL EXPLORE LA CUISINE À LA RECHERCHE DES SAVEURS LES PLUS ÉTONNANTES MAIS TOUJOURS AUTHENTIQUES.

Devenir Chef était un rêve d'enfance ?

Pas du tout ! Je suis né à Cancale, dans une maison de corsaire. J'ai grandi, les yeux tournés vers l'horizon, bercé par les chants et les aventures de marins. Chez nous, réussir, c'est partir, et je rêvais de parcourir les mers. Mais à 13 ans, je me suis retrouvé seul avec ma mère. Pour adoucir sa peine, à ma manière, j'ai oublié l'appel du large et j'ai bien travaillé à l'école…

Vous vous destiniez à devenir ingénieur…

Oui, mais entre l'écrit et l'oral du concours de l'École des Arts et Métiers, ma vie a encore basculé. Laissé pour mort après une violente agression, je suis resté longtemps à l'hôpital, et presque deux ans sans savoir si j'allais retrouver l'usage de mes jambes. Pendant tout ce temps, ma mère a tenu table ouverte à la maison. Du jeudi au dimanche, entre mes copains de promo, les copines étudiantes en droit ou en langues, et mes amis d'enfance maraîchers ou pêcheurs, nous étions plus de vingt à dîner ! La maison corsaire a repris vie, en même temps que moi, et j'ai rencontré Jane…

Vous ne pensiez pas devenir Chef ?

Mais non ! À 24 ans, je n'avais jamais touché de casserole ! Seulement j'étais plus que jamais attaché à ma maison corsaire, mes rêves d'enfance et mon bonheur tout neuf de vivre, de marcher et d'aimer. La science avait perdu ses attraits, je cherchais un moyen d'expression humain, tourné vers l'échange et la gaité. La cuisine – qui m'avait si bien réconforté – pouvait en être un !

Et vous avez transformé votre « malouinière » en table d'hôtes…

Jane et moi étions très jeunes, c'était une idée d'étudiants, enthousiaste, un peu folle. Nous voulions, dans notre cuisine, raconter ce pays de grands voyageurs, traduire l'aventure maritime, le vent et le goût du large, l'incroyable route des épices et des marchandises… J'ai passé un CAP de cuisine – en 6 mois – et nous avons ouvert la Maison de Bricourt…

MES PETITES CONFIDENCES

La cuisine belle et grande est métisse ! Même les haricots du cassoulet viennent d'Amérique ! Ajouter l'ingrédient de la cuisine de l'autre, c'est commencer à le comprendre et à l'aimer. Quand il signifie le refus ou la défiance, je déteste le mot « terroir ».

L'étoile polaire, celle des marins, est la seule qui m'intéresse. Elle donne le cap et un sens à ma vie.

J'ai traversé des moments douloureux. À 21 ans, cloué sur un lit d'hôpital craignant pour l'avenir, j'aurais pu renoncer... et m'éteindre. Des sens que beaucoup n'ont pas, ou plus, se sont au contraire éveillés : la curiosité, le bonheur de l'instant... L'émerveillement qui nous vient en naissant est la plus précieuse et la plus fragile des capacités, celle que l'on ne doit jamais perdre.

Je n'imaginais pas tenir un jour l'une des plus prestigieuses tables de France. Faire la cuisine était ma manière de larguer les amarres, d'exprimer mon bonheur de vivre et de transmettre une histoire pleine d'espérance et d'humanité, celle du voyage des hommes et des denrées, et celle de leur rencontre ici, à Cancale ou à Saint-Malo, dans un pays entre ciel et mer, travaillé par le va-et-vient céleste des marées, les croyances celtiques, l'histoire des cap-horniers, des shangaïés, des terre-neuvas et tout ce qu'ils débarquaient...

LA VANILLE

La vanille, le « fruit noir », est originaire du Mexique où elle était utilisée pour améliorer le goût du chocolat dégusté en boisson. C'est la découverte du Nouveau Monde par les conquistadors qui valut à l'Europe de la connaître. En France, son succès fut immédiat : on l'utilisait dans les manufactures de chocolat et pour parfumer le tabac tandis que la marquise de Montespan en parfumait l'eau de son bain !

- MILLE ET UNE LUNES
- CRÈME À LA VANILLE

OLIVIER RŒLLINGER

MILLE ET UNE LUNES

Préparation : 45 min
Repos : une nuit
Cuisson : 12 min

Pour le riz au lait et cardamome verte

- 1 litre de lait bio
- 4 cuillerées à soupe de cassonade
- 2 gousses de vanille de Madagascar
- 4 capsules de cardamome verte bio du Kerala
- 8 cuillerées à soupe de riz rond

Pour le sirop à la vanille de Madagascar

- 1 gousse de vanille de Madagascar
- 300 g de sucre en poudre
- 1 jus de citron vert bio

Pour la feuille de sucre au gingembre

- 200 g de sucre en poudre
- 2,5 cl d'eau
- 50 g de glucose
- Gingembre en poudre

1 Préparez le riz au lait. Faites bouillir le lait avec la cassonade, les gousses de vanille fendues et les graines de cardamome. Rincez le riz, puis mélangez-le au lait en remuant. Faites cuire à feu très doux en mélangeant. Lorsque les grains de riz sont gonflés, arrêtez la cuisson. Laissez refroidir en mélangeant de temps en temps. Ôtez la vanille de la crème. Moulez le riz au lait dans des petits moules en silicone. Réservez au frais une nuit.

2 Préparez le sirop à la vanille. Fendez la gousse de vanille et grattez l'intérieur pour récupérer les graines. Mélangez 50 cl d'eau, le sucre, le jus de citron et les graines de vanille. Faites cuire à feu très doux en laissant réduire le sirop. Passez-le au chinois. Réservez au frais.

3 Au moment du dressage de l'assiette, pelez la mangue et coupez la chair en lamelles. Démoulez le riz au lait au centre de chaque assiette. Versez un trait de sirop vanillé. Décorez avec quelques lamelles de mangue et des morceaux de feuille de sucre au gingembre (voir page ci-contre).

✪ OLIVIER RŒLLINGER ✪

CRÈME À LA VANILLE

Préparation : 10 min
Cuisson : 30 min
Pour 4 personnes

- 30 cl de lait
- 45 g de sucre en poudre
- ½ gousse de vanille
- 4 jaunes d'œufs
- Beurre

Feuille de sucre au gingembre

Mélangez tous les ingrédients dans une casserole. Faites cuire à feu doux jusqu'à obtenir un caramel blond. Versez-le sur une plaque anti-adhésive et laissez refroidir. Préchauffez le four à 240 °C (th. 8). Passez le caramel dans un robot mixeur afin de le réduire en poudre. Passez celle-ci au tamis et étalez-la sur une feuille de papier sulfurisé. Saupoudrez de gingembre. Enfournez la plaque quelques secondes afin que le sucre fonde. Laissez refroidir, décollez la feuille et réservez.

1 Portez le lait à ébullition avec la gousse de vanille fendue en deux. Mélangez au fouet les jaunes d'œufs et le sucre.

2 Versez le lait bouillant sur ce mélange en fouettant sans cesse. Ôtez la gousse. Filtrez à la passoire fine, puis remplissez des pots à yaourt aux trois-quarts avec cette préparation.

3 Préchauffez le four à 165 °C (th. 5-6). Faites cuire les crèmes au bain-marie dans une lèchefrite ou un grand plat. Enfournez 30 min. Laissez refroidir à température ambiante, puis réservez au froid.

PATRICK ROGER

ARRIVÉ PAR HASARD AUX MÉTIERS DU CHOCOLAT, PATRICK ROGER, MEILLEUR OUVRIER DE FRANCE, DIRIGE AUJOURD'HUI UNE BRIGADE DE TRENTE PERSONNES ET SEPT BOUTIQUES À PARIS ET DANS SA RÉGION. UNE SUCCESS-STORY À LA HAUTEUR DE SES CRÉATIONS.

tDevenir chocolatier était un rêve ?

Pas du tout ! J'étais très mauvais élève… Lorsqu'il a fallu choisir une orientation au moment du BEPC, on m'a envoyé en pâtisserie. Je viens d'un milieu rural. J'ai grandi dans un tout petit village du Loir-et-Cher, de quatre-vingts habitants, où mes parents tenaient la boulangerie. Je n'avais pas du tout envie de suivre leurs traces. Mais il a bien fallu prendre une décision, et mon père m'a obtenu une place d'apprenti à Châteaudun, chez un boulanger-pâtissier de renom.

C'est comme cela que vous êtes venu à la pâtisserie ?

Oui, mais je n'ai pas tout de suite pris goût au métier… Le travail était si difficile ! J'avais 16 ans, je me levais tous les jours à 2 heures du matin, je travaillais vingt-sept jours par mois… J'ai tout de même obtenu mon CAP, sans la moindre passion, mais avec de très bonnes notes. Puis, grâce à ma troisième place au concours d'apprenti de la région Centre, je suis entré chez le pâtissier-chocolatier Pierre Mauduit, à Paris. C'est là que j'ai eu la révélation et que j'ai tout appris.

Et c'est devenu une passion ?

À l'époque, j'étais encore plus passionné par la moto que par le chocolat… Je suis passé de maison en maison, jusqu'à mon arrivée chez Christian Constant, la star des chocolatiers, en 1995, où j'ai vraiment appris que la qualité du produit est aussi importante que la façon de le travailler.

Pourquoi avoir monté votre propre marque ?

Ma timidité m'a souvent empêché de saisir des opportunités, et ma façon très libre de travailler n'était pas souvent compatible avec un travail salarié… J'ai eu la chance qu'en 1997, des personnes croient en moi et financent mon projet. Je leur serai éternellement reconnaissant.

MES PETITES CONFIDENCES

Certains comparent le travail en cuisine à une armée. Moi, je préfère plutôt la comparaison avec une équipe de course. Je suis le pilote de la moto, et j'ai utour de moi des « ingénieurs » et un staff complet sans lesquels je ne serais pas grand-chose.

Quand j'étais enfant, ma vie et celle de la boulangerie de mes parents était intimement liées. **Lorsque j'étais à la maison, je donnais souvent un coup de main à la boutique,** d'abord en rendant la monnaie, puis en confectionnant quelques gâteaux.

Avec de la patience et de la passion, on peut ramener n'importe qui dans le droit chemin. Ce qui compte avant tout, c'est la force de la discipline et la reconnaissance du travail accompli.

En pâtisserie, le travail du chocolat passe pour être le moins « difficile ». Envoyer un apprenti dans ce secteur est une manière de lui signifier qu'il n'est pas assez doué pour faire autre chose… **Moi, ça a été ma chance !** C'est en commençant à me familiariser avec cette matière qu'est née ma passion. Mon cerveau guidait mes mains et tout prenait forme !

LE CHOCOLAT

Le *tchocoatl*, comme le nommaient les Aztèques, était une boisson divine avant que les conquistadores n'importent les premières fèves de cacao en Europe. Réservé à une élite, le chocolat est d'abord consommé sous forme de boisson. C'est sous le règne de Louis XIV qu'apparaît la bouchée de chocolat… Une gourmandise aux multiples vertus !

- CRÊPES AU CHOCOLAT
- BROWNIES AU CHOCOLAT

PATRICK ROGER

CRÊPES AU CHOCOLAT

Préparation : 15 min
Repos : 30 min
Cuisson : 20 min
Pour 4 personnes

- 25 cl de lait
- 50 g de chocolat noir à 85 %
- 2 œufs
- 40 g de sucre en poudre
- 30 g de farine
- 30 g de beurre
- Huile d'arachide

1 Faites chauffer le lait dans une casserole. Versez-le dans un plat. Hachez finement le chocolat à l'aide d'un couteau économe et incorporez-le au lait. Mixez le tout jusqu'à ce que le chocolat ait complètement fondu.

LE + NUTRITION

Idéalement accompagnées d'un grand verre de lait ou d'un jus d'orange, ces crêpes dynamisent le goûter.

2 Cassez les œufs dans un bol, fouettez-les légèrement. Incorporez le sucre et la farine tamisée. Versez le lait au chocolat et mélangez bien. Faites fondre le beurre au four à micro-ondes, puis ajoutez-le à la préparation. Mélangez bien. Passez la pâte à la passoire fine et laissez-la reposer 30 min.

3 Faites chauffer l'huile dans une poêle. Versez 1 louchée de pâte. Laissez cuire les crêpes environ 30 secondes de chaque côté.

PATRICK ROGER

BROWNIES AU CHOCOLAT

Préparation : 10 min
Cuisson : 25 min
Pour 6 à 8 personnes

- 280 g de beurre
- 300 g de chocolat noir à 75 %
- 350 g de sucre en poudre
- 200 g de farine
- 5 œufs
- 250 g de cerneaux de noix

1 Mettez le four en route et préchauffez-le à 180 °C (th. 6).

2 Dans une casserole, faites fondre le beurre et le chocolat ensemble à feu doux. Ajoutez le sucre, la farine, puis les œufs un à un. Incorporez les cerneaux de noix à la pâte.

3 Tapissez de papier cuisson le fond d'un moule carré (ou utilisez un moule en silicone). Versez-y la pâte. Faites cuire au four sans changer la température de préchauffage pendant 25 min. Laissez refroidir avant de déguster.

MICHEL ROTH

À LA TÊTE DE L'UNE DES PLUS GRANDES TABLES DE FRANCE, MICHEL ROTH RÈGNE SUR UNE ÉQUIPE DE QUATRE-VINGTS PERSONNES. IL CRÉE AU QUOTIDIEN LES METS LES PLUS FINS AFIN DE RAVIR LES PALAIS EXIGEANTS.

Devenir Chef était un rêve d'enfance ?

Non, je voulais être footballeur ou détective privé ! Mais je passais beaucoup de temps en cuisine. Mon père l'avait remarqué et, à la fin du collège, c'est lui qui m'a inscrit en apprentissage. Je ne connaissais rien de cet univers, ni la dureté des horaires ni les tâches difficiles. Au début, je voulais tout arrêter ! Et puis très vite, en 5 ou 6 mois, ça m'a plu.

Et c'est devenu une vocation ?

Pas tout de suite ! En fait, mon père possédait un camping avec un plan d'eau. Il attendait la fin de mon apprentissage pour transformer la buvette en restaurant et me le confier. Malheureusement, il est mort brutalement. J'étais en stage chez un de ses amis, restaurateur. C'est lui qui m'a mis le pied à l'étrier. Il m'a envoyé à l'Auberge de l'Ill, puis à Paris. J'ai commencé comme stagiaire chez Ledoyen. Vers 20 ans, je me suis dit qu'un jour, moi aussi, je serai Chef ! C'est devenu un objectif. J'étais très motivé.

Imaginiez-vous tenir un jour l'une des plus prestigieuses tables de France ?

Pas du tout ! Je suis entré au Ritz comme premier commis. Je n'avais aucune idée de ce qu'était un Chef de palace. Au fil des ans et des échelons, j'ai appris tout ce qu'on pouvait apprendre, le travail en équipe, l'exigence, la régularité, le respect des clients. Quand je suis passé Chef, j'étais habitué à ce rythme et cette à pression.

Quel est votre quotidien ?

J'occupe une place magnifique et redoutée. Heureusement que je suis passionné par mon métier et cette maison ! Car je gère une équipe de quatre-vingts personnes pour assurer cinq cents couverts par jour, sans compter les petits déjeuners, les réceptions, les à-côtés. Je suis la locomotive d'un travail sur-mesure réalisé au quotidien. Je dois montrer l'exemple, m'entourer, veiller à la qualité de toute la chaîne de production, tout en faisant passer ma passion et rester très près de mon équipe. Cette complicité est essentielle.

MES PETITES CONFIDENCES

Je me souviens du jour où j'ai reçu le Bocuse d'Or. C'était comme un mondial sportif, avec les supporters dans les gradins, les drapeaux, les cris, les trompettes. C'était la première fois que j'entendais l'hymne national. J'avais le sentiment d'avoir tenu mon engagement par rapport à mes chefs, mon pays, sa gastronomie.

Mon plus grand bonheur, c'est de voir l'étincelle dans les yeux des clients qui ont cassé leur tirelire pour venir au Ritz. Cette émotion, je la ressens et la transmets à mon équipe. C'est elle, la récompense.

Je suis le maillon d'une chaîne qui commence avec l'agriculteur ou l'éleveur. Quand on voit tout le mal que chacun se donne pour l'amour du bon produit, on ne peut qu'avoir envie de leur rendre hommage.

J'ai beau être à la tête du Ritz, je reste porté par le rêve de mon père. C'est un peu comme une étoile au firmament, de celles qui donnent un sens à votre vie…

Chef de palace est un métier à part. En plus de la créativité, la technique ou la connaissance du produit – qui s'apprennent – il faut avoir de l'ambition, le goût du travail et de la rigueur, de la patience, et savoir prendre du recul. On ne peut pas céder au stress. Mais surtout, il faut aimer son métier. On ne peut pas être Chef sans avoir envie de faire plaisir !

L'OLIVE

L'olive est le fruit de l'olivier dont la croissance est lente. Autrefois, on expliquait qu'il fallait trois générations pour profiter d'un olivier : le grand-père le plantait, le père le taillait et le fils en récoltait les fruits. L'olive entre dans de nombreuses préparations dont la tapenade, un condiment provençal auquel on ajoute des anchois, de l'ail et du thym.

BABA SANS RHUM ET MINESTRONE DE FRUITS

TRAVERS DE SOLE PERSILLÉS AU PARMESAN

MICHEL ROTH

BABA SANS RHUM ET MINESTRONE DE FRUITS

Préparation : 35 min / Cuisson : 15 min
Pour 6 personnes

- 25 cl de crème liquide froide

Pour les babas

- 600 g de farine
- 12 g de sel
- 45 g de sucre en poudre
- 25 cl de lait
- 35 g de levure chimique
- 9 œufs
- 140 g de beurre fondu

Pour le sirop exotique

- 150 g de sucre en poudre
- 80 g de compote de fruits exotiques

Pour le minestrone

- 1 mangue, 1 papaye, 1 ananas Victoria

1 Préparez les babas. Dans un robot, mixez tous les ingrédients sauf le beurre. Incorporez le beurre fondu au dernier moment. Préchauffez votre four à 180°C (th. 6). Remplissez de pâte une plaque de moules en silicone. Laissez gonfler la pâte, puis enfournez pour environ 15 min.

2 Préparez le sirop exotique. Portez 50 cl d'eau à ébullition avec le sucre, versez sur la compote de fruits exotiques. Mélangez et gardez au frais.

3 Préparez le minestrone. Pelez et taillez la mangue et la papaye en cubes de 0,5 cm de côté, émincez l'ananas en fines tranches. Faites mariner le tout dans le sirop exotique. Montez la crème liquide au batteur électrique afin d'obtenir une crème fouettée.

4 Dans le fond de chaque assiette creuse, dressez le minestrone et démoulez un baba dessus. Imbibez-le de sirop exotique. Servez avec la crème fouettée.

MICHEL ROTH

TRAVERS DE SOLE PERSILLÉS AU PARMESAN

Préparation : 40 min / Cuisson : 15 min

Pour 4 personnes

- 4 oignons nouveaux émincés + 4 cuits entiers
- 100 g de beurre
- 500 g de fèves, écossées, blanchies et dérobées
- 50 g de lardons
- 2 soles de 800 g chacune, sans peau
- 50 g de tapenade d'olives noires
- 30 g d'amandes en poudre
- 30 g de parmesan râpé
- Sel, poivre

1 Faites fondre les oignons émincés dans du beurre. Ajoutez les fèves. Salez et laissez cuire pendant quelques minutes.

2 Poêlez les lardons bien croustillants. Faites colorer les oignons entiers au beurre et réservez au chaud.

3 Passez au mixeur le tiers des fèves pour obtenir un coulis épais. Salez, poivrez.

4 Coupez les soles en deux dans la longueur. Salez et poivrez. Faites-les cuire dans une poêle avec 50 g de beurre pendant 5 à 6 min. Arrosez-les de beurre en cours de cuisson.

5 Ôtez l'arête centrale et garnissez l'intérieur de tapenade, puis de lardons. Saupoudrez le dessus de chaque travers de sole avec le mélange d'amandes et de parmesan râpé. Passez quelques secondes au gril du four pour obtenir une fine croûte.

6 Dressez un travers de sole dans une assiette, disposez à côté les fèves, les oignons et versez le coulis de fèves.

DIDIER STEUDLER

CHEF PÂTISSIER AU RITZ, DIDIER STEUDLER PREND UN PLAISIR INFINI À TRANSMETTRE SON SAVOIR AUX DIZAINES D'ÉLÈVES QU'IL ACCUEILLE RÉGULIÈREMENT AU SEIN DE L'ÉCOLE RITZ ESCOFFIER.

Devenir Chef était un rêve d'enfance ?

Non. Petit, je voulais être ébéniste ! J'aimais le bois, les choses aériennes. Je fabriquais des avions, je voulais comprendre pourquoi ils volent. Mais j'avais aussi un oncle boulanger. Je roulais les croissants avec lui, cela me plaisait, et c'est lui qui m'a aiguillé vers le métier.

Vous avez fait votre apprentissage, travaillé en boutique, et puis un jour…

Un jour, j'ai vu le premier livre de Thuriès et je me suis dit « Voilà ce que je veux faire ! ». J'aimais la pâtisserie, son côté artistique, les saveurs, le travail des ingrédients, mais à 21 ans, j'avais besoin d'aller plus loin, de créer. Alors je suis parti dans la restauration, au Plaza Athénée, chez Ledoyen. La pâtisserie est plus éphémère, moins sucrée, on a beaucoup plus de liberté. Et l'aspect technique m'a toujours fasciné. Cette nouvelle orientation m'a permis d'aller plus loin et de donner libre cours à mon imagination !

Et votre métier est devenu une passion ?

Oui, car la gourmandise n'est pas qu'une sensation physique. En exerçant, j'ai appris l'incroyable richesse de la culture culinaire. Faite d'échange, de curiosité et de partage, elle est le trait d'union entre toutes les cultures et tous les hommes. Le copain est celui avec lequel on partage le pain. Et chacun sait que ce partage n'est pas seulement alimentaire ! Un lien se crée, profondément humain. Au fond, que ce soit avec les gens qui vous entourent en cuisine, ou les clients dans la salle, il ne s'agit que de ce lien. Mais on l'ignore quand on débute !

Imaginiez-vous devenir Chef pâtissier d'une des plus prestigieuses tables de France ?

Non, pas du tout ! À 17 ans, je me souviens d'être passé place Vendôme. Je ne connaissais pas la renommée du Ritz, je me suis simplement dit que ce serait bien, un jour, d'y travailler. Et quand j'y suis entré, presque vingt ans plus tard… j'étais très, très impressionné ! Je n'ai jamais oublié cette émotion du premier jour.

MES PETITES CONFIDENCES

Je n'oublierai jamais mon premier mille-feuilles. J'avais 6 ou 7 ans et je me suis presque étouffé avec le sucre glace. Depuis, j'ai pris ma revanche !

Ce n'est pas parce qu'on maîtrise la technique qu'on est le meilleur. Jacques Maximin, Serge Bréda, Michel Roth, ces hommes généreux, m'ont apporté bien plus que le savoir-faire : l'envie d'aller plus loin.

Faire de la pâtisserie commence avec trois ingrédients et le plaisir de la découverte. Ma fille de 10 ans, par exemple, a revisité la fameuse recette du gâteau au yaourt… en prenant du yaourt aux fruits, tout simplement !

À 16 ou 17 ans, c'est parfois difficile de prendre sa vie en main et de choisir ce métier. Je ne savais pas ce que je deviendrais, j'ai suivi mes envies, j'ai eu la chance de faire les bonnes rencontres. Je voudrais transmettre à mon tour, aux jeunes qui débutent et sont parfois découragés, cette envie de s'accrocher. Quand une place n'inspire pas l'amour du métier, il ne faut pas se décourager, mais en changer !

J'essaie, au sein de l'école du Ritz, de transmettre mon savoir-faire et ma passion. Le goût s'apprend, comme un langage, et le palais du professionnel, tout éduqué qu'il soit, a lui aussi besoin d'être surpris.

LA PISTACHE

La pistache se présente sous la forme d'une petite graine verte, à la saveur douce, logée dans une coque qui s'ouvre quand le fruit est mûr. En 1702, le célèbre botaniste Joseph Pitton de Tournefort rapporta de Chine quelques pistaches qu'il planta au Muséum national d'histoire naturelle de Paris. Niché dans un coin du Jardin alpin, un pistachier poussa. Il est toujours vivant aujourd'hui !

CUPCAKES MULTICOLORES

DIDIER STEUDLER

CUPCAKES MULTICOLORES

Préparation : 45 min
Cuisson : 15 mn
Pour 6 cupcakes

Pour les cupcakes

- 125 g de beurre ramolli
- 125 g de sucre en poudre
- 3 œufs moyens
- 100 g de farine
- 25 g de cacao en poudre
- 1/2 sachet de levure chimique

Pour la crème à la pistache

- 1 cuillerée à café de pâte à la pistache
- 125 g de mascarpone
- 10 cl de crème liquide froide
- 15 g de sucre en poudre

Pour la crème au chocolat

- 150 g de chocolat
- 7,5 cl de crème liquide froide

Pour la décoration

- Amandes effilées, noisettes, pistaches, décorations comestibles

1 Préchauffez le four à 180 °C (th. 6). Dans un bol, mélangez le beurre et le sucre pendant 2 min. Ajoutez les œufs, la farine, le cacao et la levure et mélangez bien. Remplissez les moules à cupcakes de pâte jusqu'aux trois-quarts. Enfournez pour 15 min. Laissez refroidir.

2 Pour la crème à la pistache, mélangez la pâte à la pistache avec le mascarpone. Versez le sucre dans la crème liquide et montez-la en chantilly à l'aide d'un fouet.
Incorporez 1 cuillerée à soupe de chantilly dans le mascarpone pour le détendre. Versez peu à peu le reste de chantilly et mélangez vivement.

3 Pour la crème au chocolat, faites fondre le chocolat au bain-marie. Dans un bol, fouettez la crème pour obtenir de la crème montée. Ajoutez le chocolat fondu, et mélangez.

4 À l'aide de la poche à douille (ou une cuillère), recouvrez les cupcakes de crème à la pistache ou au chocolat.

5 Décorez les cupcakes d'amandes, de noisettes écrasées, de pistaches ou d'autres décorations comestibles de votre choix.

DANS LES CUISINES DU RITZ

Emma, Erwann, Lucie et Yohann, rêvaient de partager le quotidien d'un Chef ! Voici l'album d'une matinée inoubliable que leur a offerte l'École Ritz Escoffier, avec l'aide aussi indispensable que bienveillant de Didier Steudler, assisté d'Agathe Sicot.

Les Petits Marmitons

LES ADRESSES

Christophe Adam
Adam's, 21, rue Danielle Casanova, 75001 Paris

Michel et Sébastien Bras
Bras, Route de l'Aubrac, 12210 Laguiole

Christelle Brua et Frédéric Anton
Le Pré-Catelan
Bois de Boulogne, Route de Suresnes, 75016 Paris

Michel Guérard
Les Prés d'Eugénie, 40320 Eugénie-Les-Bains

Éric Guérin
Hôtel & Restaurant **la Mare aux Oiseaux**
Parc National de Brière, 162, Île de Fedrun
44720 Saint-Joachim

Marc Hæberlin
L'Auberge de l'Ill
2, rue de Collonges-au-Mont-d'Or, 68970 Illhaeusern

Guy Martin
Le Grand Véfour, 17, rue de Beaujolais, 75001 Paris

Marc Meneau
L'Espérance, 89450 Saint-Père-Sous-Vézelay

Christophe Michalak
Plaza Athénée
25, avenue Montaigne, 75008 Paris

Éric Reithler Conseil Culinaire
30, rue de la Loire, 41260 La-Chaussée-Saint-Victor

Olivier Rœllinger
Les Maisons de Bricourt
Château Richeux Le Buot, 35350 Saint-Méloir-des-Ondes

Patrick Roger
47, rue Houdan, 92330 Sceaux
autres adresses sur : www.patrickroger.com

Michel Roth et Didier Steudler
Le Ritz Paris, 15, place Vendôme, 75001 Paris

Antoine Westermann et Antony Clémot
Drouant , 16-18, place Gaillon, 75002 Paris

École Ritz Escoffier
38, rue Cambon, 75001 Paris - ecole@ritzparis.com

SHOPPING

RICE - www.rice.dk

SABRE - www.sabre.fr

PLASTIQUES - www.plastiques-paris.fr

HEMA - www.hema.fr

MAISON DU MONDE - www.maisonsdumonde.com

JIA - www.jia-inc.com

TOILES DU SOLEIL - www.toiles-du-soleil.com

Remerciements
Arc-En-Ciel remercie tous ceux qui ont permis que ce livre dont nous rêvions devienne réalité : les équipes de Lesieur et des Éditions de La Martinière pour leur implication et leur enthousiasme, Alessandra Sublet pour ses mots pétillants et touchants, les membres de l'École Ritz Escoffier pour leur accueil et leur gentillesse et, enfin et surtout, les dix-neuf Chefs pour leur bienveillance, leur sens du partage et leur créativité !
Association Arc-En-Ciel - BP. 17 - 01420 Seyssel
www.arc-en-ciel.com <http://www.arc-en-ciel.com

Crédits photographiques : p. 14, h © Patrick Gauthey, p. 22 © Uenaka Masatoshi, p. 26 © Tim Clinch, p. 38 © Michel Langot, p. 58 © Luc Monnet, pp. 64-65 : © Betul Balkan
Couverture : © Laurent Rouvrais

Conception graphique : SAJE
Adaptation et mise en page : Zaaping
Interviews : Sophie Troubac
Stylisme et réalisation culinaire : Aurélie Tamin
Photos : Jean-Baptiste Pellerin

ISBN : 978-2-7324-4827-5
Achevé d'imprimer en avril 2015, par Estellaprint, en Espagne - Dépôt légal : octobre 2011